M. BODRI 1982

LE PRINCE
DE TALLEYRAND

ET

LA MAISON D'ORLÉANS

LETTRES

DU ROI LOUIS-PHILIPPE, DE MADAME ADELAÏDE

ET

DU PRINCE DE TALLEYRAND

PUBLIÉES AVEC UNE PRÉFACE

PAR

LA COMTESSE DE MIRABEAU

PARIS

CALMANN LÉVY, ÉDITEUR

RUE AUBER, 3, ET BOULEVARD DES ITALIENS, 15

A LA LIBRAIRIE NOUVELLE

1890

LE PRINCE DE TALLEYRAND ET LA MAISON D'ORLÉANS

CALMANN LÉVY, ÉDITEUR

LETTRES ET MÉMOIRES

PUBLIÉS PAR

LA COMTESSE DE MIRABEAU

SOUVENIRS D'UN DIPLOMATE . . . . 1 vol.

SOUVENIRS MILITAIRES DU COLONEL DE GONNEVILLE. . . . . 1 —

LA VIE PARISIENNE SOUS LOUIS XVI . . . . 1 —

IMPRIMERIE CHAIX, RUE BERGÈRE, 20, PARIS. — 5822-3-90.

LE PRINCE DE TALLEYRAND ET LA MAISON D'ORLÉANS

LETTRES
DU ROI LOUIS-PHILIPPE, DE MADAME ADÉLAÏDE
ET
DU PRINCE DE TALLEYRAND

PUBLIÉES AVEC UNE PRÉFACE
PAR
LA COMTESSE DE MIRABEAU

PARIS
CALMANN LÉVY, ÉDITEUR
ANCIENNE MAISON MICHEL LÉVY FRÈRES
3, RUE AUBER, 3

1890

A SON ALTESSE ROYALE

MONSEIGNEUR

LE DUC D'ORLÉANS.

HOMMAGE D'ADMIRATION ET DE RESPECTUEUX DÉVOUEMENT.

COMTESSE DE MIRABEAU.

PRÉFACE

Les lettres de Madame Adélaïde à M. de Talleyrand donnent une idée exacte des relations de l'illustre diplomate avec la dynastie d'Orléans, et font nettement voir le dessous des cartes du gouvernement de Louis-Philippe.

Madame Adélaïde s'y révèle « homme d'État » et, passionnée pour « la chose publique, » elle est, malgré toute sa tendresse pour son frère, plus préoccupée encore du pays que du souverain. En pénétrant au jour le jour dans l'intimité des Tuileries, on se sent au milieu « d'honnêtes gens », et cet éloge qui, en d'autres temps, eût paru fort étrange, est devenu le plus désirable pour des « gouvernants ».

Madame Adélaïde rend, à tout instant, hommage au jugement sûr et au génie politique de M. de Talleyrand. Il est à Londres, où il représente la France, et rien ne se fait à Paris sans ses conseils ou son assentiment.

C'est la sœur du roi qui sert d'intermédiaire, et, avec une loyale sincérité, elle traite le prince de Talleyrand en protecteur.

J'ai trouvé cette correspondance dans les papiers de M. de Bacourt, mon oncle, et il me semble, en la publiant, rendre un égal hommage à la mémoire de Louis-Philippe et à celle du grand diplomate.

Parmi mes contemporains, il en est peu qui aient connu M. de Talleyrand, auquel je fus présentée en 1836, et, tandis que j'écris ces lignes, sa fine et bienveillante figure m'apparaît distinctement à travers l'espace d'un demi-siècle, dans le cadre où je l'entrevis, entourée de circonstances bien faites pour frapper à tout jamais une imagination d'enfant.

Nous étions de passage à Paris ; la duchesse de Dino vint voir ma mère à l'hôtel Richepanse ; je rentrais avec mon père qui m'avait menée à une revue passée en l'honneur des « glorieuses ».

Madame de Dino me prit sur ses genoux pour me faire raconter mes « impressions ».

Ce que j'avais le plus admiré, c'était le duc d'Orléans et le duc de Nemours ; ils montaient des chevaux toujours en l'air, et leurs armes étincelaient sous les rayons du soleil ; on me les montra en me disant :

— Voilà les fils du roi !

Et je crus voir des princes de contes de fées. J'en étais encore impressionnée comme d'une éblouissante vision.

— Mais, dit la duchesse après m'avoir fait jaser, il faut aussi que cette enfant voie le feu d'artifice ; venez donc passer la soirée avec nous, et arrivez avant que la circulation soit difficile.

Des fenêtres de l'hôtel Talleyrand, rue Saint-Florentin, on était, en effet, aux premières loges pour voir le feu d'artifice tiré sur le pont de la Concorde.

Madame de Dino qui, en 1836, avait quarante-trois ans, était encore très belle. Elle portait une robe en tulle brodé doublé de taffetas bleu ciel, et sur son chapeau de paille de riz, des marabouts légers comme des nuages s'agitaient doucement.

Ses yeux noirs, un peu trop bistrés, paraissaient d'une grandeur invraisemblable ; je les ai revus depuis bien des fois, mais je n'en vis jamais d'autres aussi beaux ; elle les fermait souvent en parlant durant l'espace de quelques secondes ; sa physionomie était mobile et expressive, elle avait cette amabilité facile, exubérante, affectueuse, qui ne fut à la mode que vingt ans plus tard, sous le second empire, mais qui, chez elle, n'altérait en rien un air de distinction suprême.

Née princesse de Courlande, elle avait, à l'âge de treize ans, épousé le comte Edmond de Périgord qui devint successivement duc de Dino et duc de Talleyrand.

Elle hérita, dans les dernières années de sa vie, de la principauté fieffée de Sagan, en Silésie prussienne, et mourut en 1862.

Nièce préférée de M. de Talleyrand, et vivant chez lui, elle faisait les honneurs de sa maison comme si elle eût été sa fille.

Quand elle se sépara de son mari qui, depuis cette époque, habita Florence, le prince prit ouvertement parti pour elle, quoique le duc de Dino fût son propre neveu.

J'étais ravie de voir le feu d'artifice, et enchantée d'aller chez le prince de Talleyrand; mais, à peine la soirée était-elle commencée, que la foule, grossissant rapidement, devint bientôt compacte ; on voyait les têtes si étroitement serrées qu'elles semblaient surmonter un seul corps énorme, monstrueux.

Ma mère, très effrayée, déclara que, pour rien au monde, elle ne se risquerait à pied dans la rue, et qu'elle ne m'y laisserait certainement pas aller; mais mon père, l'assurant qu'il ne m'arriverait rien, me prit dans ses bras et m'emporta.

Le trajet, quoique très court, fut difficile; cette population, que mon père dominait de sa haute taille, nous soulevait, par moments, comme un flot de marée montante.

J'ignore si, depuis que l'hôtel de la rue Saint-Florentin a passé de la diplomatie dans la finance, la distribution intérieure a été changée; mais, à cette époque, une enfilade de salons donnait sur la rue de

Rivoli, et, à chaque fenêtre, des groupes en demi-cercle attendaient, en causant, les premières fusées.

La duchesse de Dino paraissait, à la clarté des lumières, encore plus jeune et plus belle.

— Mon oncle est très souffrant ce soir, dit-elle à mon père, et il ne reçoit pas; mais il veut voir votre fille, et je vais la conduire tout de suite chez lui.

Elle me prit par la main et, après m'avoir fait traverser deux ou trois grandes pièces, me fit entrer dans la chambre du prince.

Il se tenait très droit, dans un immense fauteuil à dossier carré d'une dimension exceptionnelle et d'une forme particulière; sa jambe, allongée sur un tabouret, mettait en évidence son pied rond et court, un vrai pied de cheval.

Il était enveloppé dans une douillette de foulard blanc à dessins chinois; sa cravate blanche montait jusqu'à son menton, et les pointes aiguës d'un col très empesé arrivaient au milieu de ses joues flasques dont la peau retombait tristement sur la cravate ; ses cheveux longs et ondulés semblaient passés au fer.

Une lampe, coiffée d'un abat-jour vert, projetait la lumière sur lui.

Ma première sensation fut la peur.

Madame de Dino me poussa près du fauteuil de son oncle.

— Ah ! dit le prince, la voilà donc, la nièce de notre cher Bacourt ; un petit diable, à ce qu'il paraît ?

Je me serrais, craintive, contre la duchesse ; M. de Talleyrand, m'entourant d'un bras, me rapprocha de lui pour m'embrasser, et comme, de plus en plus effarouchée, je ne me prêtais pas à l'accolade, une des pointes du grand col m'entra dans le nez ; ça me fit rire, la glace était fondue.

Puis je subissais le charme de cette physionomie bienveillante, de ce fin sourire, de ce regard qui plongeait dans la pensée.

La bonté attire l'enfance, et le prince était très bon; son désir de me voir venait de son affection pour M. de Bacourt qui, célibataire intransigeant, disait déjà que je serais sa fille, et tout ce qui se rattachait à lui intéressait M. de Talleyrand.

Le prince reprit, en me donnant le petit nom que me donnait mon oncle :

— Allons, mademoiselle Marinette, racontez-nous quelques-unes de vos malices. Je sais que vous enfermez vos cousins dans les armoires.

Je protestai vivement :

— Oh! je n'en ai jamais enfermé qu'un seul.

M. de Talleyrand se mit à rire, et, à ce moment-là, entra une belle dame, vive, agitée :

— Bonjour, mon oncle!

— Bonjour, ma chère Georgine.

C'était la duchesse d'Esclignac, née de Talleyrand, et, quelques années plus tard, je devenais belle-sœur de sa fille aînée qui épousa le marquis de Mirabeau.

Tandis que la duchesse d'Esclignac, qui s'était assise près du prince, causait avec lui, il tordait machinalement le nœud de ma ceinture, un joli nœud rose qu'on m'avait recommandé de ne pas aplatir, et je me promettais bien de dire que c'était le prince qui l'avait chiffonné.

M. de Talleyrand eut une violente quinte de toux. Madame de Dino lui présenta une tasse de boisson, et madame d'Esclignac s'en alla.

Quand la toux fut calmée, le prince recommença à s'occuper de moi, jouant avec les boucles de mes cheveux et, tout en m'interrogeant, il m'examinait comme si j'avais valu la peine d'être examinée. N'ayant plus du tout peur, je lui répondais hardiment, et il dit à madame de Dino :

— Elle est amusante, cette petite.

Je fus bien étonnée, car, à la maison, on me répétait, du matin au soir, que j'étais fort ennuyeuse.

Au moment de me congédier, M. de Talleyrand me dit, en me montrant madame de Dino :

— Quand votre oncle sera vieux comme moi, il faudra le soigner comme ma nièce me soigne.

M. de Bacourt avait alors trente-cinq ans et était ministre de France à Carlsruhe.

Le prince m'embrassa et la duchesse m'emmena.

La figure de M. de Talleyrand est restée gravée dans ma mémoire, et je n'ai jamais entendu son nom sans le revoir dans ce grand fauteuil, malade, infirme, et cependant si souriant et si bon.

A l'époque où M. de Bacourt fut envoyé en Angleterre comme second secrétaire d'ambassade, l'intelligence de M. de Talleyrand était intacte, mais le travail lui devenait pénible et, s'il concevait encore rapidement, il exécutait difficilement. Mon oncle reçut, le jour de son arrivée à Londres, l'ordre de se présenter le lendemain chez le prince qui, à l'heure indiquée, était à sa toilette. Il se gargarisait quand le nouveau secrétaire fut introduit près de lui et, sans interrompre cette opération qui durait un quart d'heure, il se contenta de répondre à son salut par un geste de la main.

Cette réception, tant soit peu déconcertante, mettait assez mal à l'aise M. de Bacourt; mais dès que M. de Talleyrand eut finit de se gargariser, ce qu'il faisait bruyamment et avec accompagnement de grimaces fort singulières, le jeune secrétaire d'ambassade fut aussitôt sous le charme de cette parole bienveillante, flatteuse, parsemée de mots heureux venant sans être cherchés sur ces lèvres de vieillard, empreintes d'une grâce féminine, reflet vrai de lui-même; car, à côté de son esprit puissant, il y avait dans cette nature des sensibilités et des tendresses de femme, une sollicitude touchante pour les siens, et, sans cesse préoccupé du bien-être et du contentement de ceux qui l'entouraient, il ne permit jamais à l'égoïsme de la vieillesse de pénétrer dans son cœur.

Il s'excusa de son étrange réception ; cette gargarisation quotidienne lui était imposée par les médecins. Faisant ensuite sauter la conversation d'un sujet à l'autre, interrogeant et écoutant attentivement, il se mit en devoir de « creuser » son interlocuteur, et cet examen fut sans doute favorable à celui qui en était l'objet, car, séance tenante, il lui confia un travail important en le priant de venir, tous les matins, prendre directement ses instructions.

Le lendemain, M. de Bacourt rapportait le travail terminé, et deux mois après il passait premier secrétaire.

M. de Talleyrand avait trouvé « son

homme » ; ce débutant dans la carrière diplomatique comprenait d'un mot sa pensée et l'exprimait comme il entendait qu'elle le fût ; puis, la collaboration journalière avec le grand maître transfusa rapidement dans l'esprit du jeune disciple l'expérience acquise.

Le prince profita des aptitudes et de l'activité du premier secrétaire d'ambassade, pour faire mettre en ordre la chancellerie qui avait grand besoin de ce coup d'œil et de ce coup de main. Pendant ce temps, les affaires se compliquaient en Europe, et celles qu'on traitait à Londres étant les plus importantes, M. de Bacourt travaillait parfois dix-huit heures sur les vingt-quatre. Il tomba dangereusement malade et quand M. de Talleyrand sut par son médecin que l'excès de travail avait seul amené ce résultat, il en fut désespéré. L'entourant de ses gens les plus dévoués, il était lui-même sans cesse à son chevet, se reprochant d'avoir abusé de ses forces et sentant que le concours de son élève lui était devenu indispensable.

Telle a été l'origine du grand attachement de M. de Talleyrand pour mon oncle, et de la confiance absolue dont il donna la mesure en lui léguant ses *Mémoires*.

Si l'on veut juger avec impartialité le caractère et la carrière du grand diplomate, ne doit-on pas estimer que ses fautes furent largement compensées par les services rendus à la France, dont il fut toujours et avant tout le serviteur dévoué? Il vivait à une époque où un gentilhomme ne devait prêter qu'un seul serment, où la nation comptait pour peu et l'oriflamme pour tout, mais, en dépit de sa haute origine, plus citoyen que sujet, il devança son temps en secouant l'esclavage des convictions héréditaires et inébranlables.

Au milieu des événements où il jouait le premier rôle, il sacrifia princes et dynasties pour songer uniquement à la France, à son relèvement, à sa prépondérance ; en toutes circonstances il sut la servir utilement et puissamment, et, lorqu'elle était envahie par l'Europe entière, ce fut, au congrès de Vienne, un merveilleux succès de lui faire rendre ses frontières intactes. C'est bien lui qui méritait d'être appelé « le libérateur du territoire ».

Si M. de Talleyrand avait vécu à la fin du XIXe siècle, au lieu d'être accusé de trahison et de félonie, il aurait été acclamé comme sauveur de la patrie ; mais chacun appartient à son époque, et l'histoire même ne lui pardonnera pas de s'être arrogé le droit de juger ses différents souverains, et de mesurer sa fidélité à leurs actes : car, intervertissant les rôles, il entendait changer ses rois comme un roi change ses ministres.

Les lettres de Madame Adélaïde font apprécier le rôle de M. de Talleyrand sous le règne de Louis-Philippe, la part que, de loin comme de près, il prenait au gouvernement et son influence absolue en toutes choses ; elles peignent aussi l'époque de 1830, les premières années d'une monarchie fondée sur des barricades, mais que la sagesse du roi des Français sut rendre honorable, et elles affirment les sentiments dévoués et généreux qui, de la part de la famille royale, unissaient le trône à la nation.

Par les récits, les souvenirs et les notes M. de Bacourt, j'ai non seulement appris à connaître le prince de Talleyrand, mais aussi Louis-Philippe et tous les jeunes princes qui étaient la gloire de l'armée, l'espoir de la France et que la révolution de 1848 devait jeter sur le sol étranger comme autant d'épaves de la monarchie naufragée.

Au point de vue militaire, je me souviens d'une foule de détails, et d'anecdotes racontées par M. de Gouy, qui était, en 1842, colonel du 1er hussards, en garnison à Nancy; le duc d'Orléans avait commandé ce régiment, ayant alors pour lieutenant-colonel

M. de Gouy, avec qui mon père était fort lié. Ils montaient souvent à cheval ensemble et m'emmenaient presque toujours. « Encadrée » entre eux, je ne perdais pas un mot de leurs conversations roulant habituellement sur l'armée et les princes qui en étaient adorés; je fus ainsi tellement initiée à ce qui les concernait qu'il me semble, en vérité, avoir servi avec eux.

Quand arriva la mort du duc d'Orléans, le 1er hussards témoigna un désespoir déchirant; partout on rencontrait des officiers et des soldats pleurant; M. de Gouy aurait perdu son fils que sa douleur n'eût pas été plus profonde; mon père la partageait sincèrement; quoique légitimiste, il avait, durant la restauration, souffert de ne voir, selon son expression, « pas un prince à cheval », et ces fils de Louis-Philippe, tous plus vaillants les uns que les autres, empoignaient son cœur de soldat.

Par une étrange fatalité, M. de Gouy, si

profondément frappé par la mort du duc d'Orléans, fut, cinq ans après, tué de la même manière à deux lieues de Nancy où, devenu général de brigade, il commandait la subdivision, et je l'ai vu rapporter déjà raidi dans son grand manteau d'ordonnance.

Le duc d'Orléans, très populaire, unissait à la bonhomie obligatoire à la dynastie de Juillet un air très princier, et les grandes allures qui plaisent aux Français de toutes catégories. Il était très beau, ce qui est un atout dans la main d'un prince héréditaire, et on parlait beaucoup de ses bonnes fortunes sans pouvoir citer une seule aventure fâcheuse. Brillant cavalier, d'une rare élégance, il personnifiait *the high life* à côté de ce trône d'aspect familial. Il avait l'entrain, l'énergie, la décision qui font les grands souverains, et, en succédant à son père, il eût facilement remplacé le parapluie légendaire par l'épée qu'il portait si bien !

Il faut dire d'ailleurs que si, au début de son règne, Louis-Philippe se servit un peu trop de ce parapluie, il ne le fit pas recouvrir quand il fut usé, et à mesure qu'il s'éloignait du point de départ, diminuant ses concessions, il cherchait à rendre à la royauté la dignité qui doit être son apanage.

Le duc d'Orléans avait l'à-propos très royal. Je citerai un fait peu connu. Se rendant en chaise de poste de Paris à Lunéville, le prince avait pris, dans un village de Lorraine où il changeait de chevaux, deux œufs à la coque et une tasse de café à l'hôtel de la Poste. Quand son valet de chambre voulut payer ce frugal repas, le maître de poste demanda deux cents francs; le duc d'Orléans, informé de la chose, ordonna d'aller chercher le maire, auquel il remit mille francs, en le chargeant de payer son déjeuner et de distribuer le reste de l'argent aux pauvres.

Le duc de Nemours s'effaçait toujours devant son frère aîné; se tenant ainsi sur la réserve, par un sentiment fraternel qui lui faisait grand honneur, on le connaissait peu.

Le duc d'Orléans parlait de lui avec tendresse et enthousiasme, témoignant même une sorte de déférence pour ce frère qui évitait toujours de se mettre en avant, si ce n'est en face de l'ennemi. Il dit un jour au général de Gouy :

— Nemours ne veut pas qu'on sache ce qu'il vaut.

Sans ambition personnelle, le second fils de Louis-Philippe trouvait le bonheur dans son foyer; il aimait comme la plus adorée compagne de son choix la belle princesse que les hasards de la politique lui avaient donnée pour femme. Malgré sa ressemblance frappante avec Henri IV, il était moins sympathique que le duc d'Orléans; mais il avait plus grand air encore.

On prétendait qu'il était légitimiste ; c'était peut-être vrai.

Le prince de Joinville, surnommé le prince Charmant par les jolies Américaines qui, en ce temps-là, ne venaient guère en France, mais qu'il alla voir chez elles, méritait bien ce surnom flatteur : intrépide marin, passionné pour son métier, instruit, artiste, spirituel, gai et aimable, il personnifiait l'esprit et l'entrain français.

Son heureux caractère triomphait de la mélancolie qu'une surdité accentuée dès sa jeunessse aurait imprimée sur une nature moins fortement organisée. Plus gentleman que prince, il ne se montrait « fils de roi » que dans les occasions qui lui semblaient en valoir la peine ; il savait alors jouer son rôle avec une aisance parfaite et une bonne grâce si naturelle que nul ne pouvait se douter qu'il n'était pas tous les jours ainsi.

Quelle joie aux Tuileries, quand il revenait d'un lointain voyage durant lequel l'inquiétude n'avait cessé d'étreindre les cœurs maternels de Marie-Amélie et de Madame Adélaïde.

Il offrait toujours à ses sœurs des objets provenant des pays qu'il parcourait, et la princesse Clémentine lui avait bien recommandé, si jamais il abordait sur une côte habitée par des Peaux-Rouges, de lui rapporter un costume de femme sauvage.

Au retour d'une expédition, il lui remit un soir, en présence de la famille rassemblée, un collier de verroterie multicolore, en lui disant :

— Voilà ce que tu m'as demandé.

— Merci, fit la princesse, c'est très joli ; mais tu m'avais promis un costume complet.

— Je ne leur en ai pas vu d'autre, répondit le jeune marin.

Le duc d'Aumale et le duc de Montpensier étaient crânement et joyeusement braves comme leurs aînés ; à cette époque, les faits d'armes des cinq fils de Louis-Philippe tenaient, dans les journaux, la place de l'article « Mondanités », et même les gens hostiles à l'état de choses suivaient avec intérêt leurs expéditions.

Les trois princesses d'Orléans formaient autour du trône un groupe charmant : l'aînée, merveilleusement jolie et adorablement bonne, devint l'idole de la Belgique ; le marquis de Rumigny, ambassadeur de France à Bruxelles, prétendait que les Belges se seraient facilement consolés de la mort du roi Léopold par espoir d'avoir la bien-aimée jeune reine pour régente.

La princesse Marie, moins jolie que la reine Louise, avait comme elle un grand charme et passait pour une grande artiste, ce qui était un peu exagéré. La fameuse *Jeanne d'Arc* dont on a tant parlé a, selon moi, plutôt l'air d'une jeune fille en pénitence que d'une héroïne en méditation ;

elle entend peut-être les voix célestes, mais on dirait qu'elle écoute une mercuriale.

Toujours est-il que, pour une princesse, c'était fort joli de manier ainsi le ciseau, surtout à une époque où « les demoiselles à marier » ne produisaient que des peintures de vitrier et des « sépias » faisant peine à voir.

La princesse Clémentine, très gaie, très aimable, avait beaucoup d'intelligence et le talent de se faire aimer de tous ceux qui l'approchaient.

Louis-Philippe ne craignait pas de l'entretenir de questions sérieuses, et comptait son avis pour quelque chose.

On comprend que cette réunion de princes et de princesses, tous jeunes et heureusement doués, faisait des Tuileries une « maison agréable », surtout dans l'intimité, les grandes réceptions se ressentant un peu des concessions dues à la révolution de Juillet et de l'absence de la haute aristocratie qui ne voulut jamais passer l'eau.

Mais, en jetant en arrière un coup d'œil sur ce passé disparu, une réflexion plus sérieuse s'impose, et il est impossible de ne pas reconnaître que si, en 1870, tous ces vaillants princes et leurs fils avaient été dans l'armée, cette armée qu'ils aimaient tant eût été prête à recevoir le choc formidable de l'Allemagne, et nos soldats n'auraient pas marché à l'ennemi sans munitions, sans vêtements, sans chaussures.

On pouvait abuser de la confiance et de la crédulité de Napoléon III, fatigué, vieilli et malade, tandis qu'un souverain ayant pour généraux ses oncles, son frère, ses cousins, aurait connu son armée comme un colonel connaît son régiment.

M. de Bacourt écrivait souvent le soir ce que, durant la journée, il avait fait, vu et entendu, et, parmi ces notes, je choisis quelques extraits, qui font connaître d'une manière intime le souverain qui nous donna dix-huit années de prospérité, sans qu'on puisse lui reprocher un seul acte nuisible aux intérêts de la France.

A la date du 23 mars 1844, je trouve ceci :

M. Guizot m'ayant annoncé ce matin que le roi m'avait désigné pour aller en Suède complimenter Oscar Ier sur son avènement au trône, je me rendis aux Tuileries pour remercier Sa Majesté, qui me reçut dans son cabinet, et me dit :

— Votre mission, monsieur de Bacourt, ne doit pas être seulement une mission de compliments; vous devez examiner le nouveau roi et son entourage ; savoir s'il sera plus ou moins russe que son père, et s'il compte faire des changements dans le gouvernement et l'administration du pays; cherchez à découvrir dans quel sens ces changements seront faits. Tâchez de faire pressentir au roi les dangers de sa position entre les idées démocratiques de la Norvège, les besoins vrais ou faux de progrès en Suède, et la domination de la Russie, qui se fait sentir aussi bien en Finlande qu'en Danemark.

Une grande agitation règne dans les duchés de Holstein et de Slesvig, et le roi de Prusse désire détacher ces duchés du Nord en les faisant entrer dans le *Zollverein;* le roi de Danemark, plein de bons sentiments et de bonne volonté, n'a aucune capacité; le roi Oscar, qui se laisserait, je crois, dominer par la Russie, l'est aussi par la reine, qui a plus de nerf, de fermeté que lui et dont toutes les tendances sont allemandes; elle poussera son mari à s'appuyer sur la Prusse; elle a, paraît-il, beaucoup de charme et de distinction; mais, en raison de sa qualité de catholique, elle n'est pas populaire.

Insinuez au roi de Suède qu'il doit se tenir en garde contre les envahissements dans la question de la succession danoise.

Il devrait, dès à présent, s'entendre directement avec le Danemark, et ne pas compter sur la Prusse, qui ne demanderait pas mieux que d'abandonner les îles danoises à la Russie, si celle-ci lui abandonnait les duchés de Slesvig et de Holstein; la Prusse prétendra que ces deux duchés ont fait autrefois partie de l'empire germanique, et elle voudra s'en emparer pour elle-même ou, si elle ne peut les obtenir, les faire associer au *Zollverein.*

L'ambition de la Prusse est d'avoir une marine, des ports sur la mer du Nord aussi bien que sur la Baltique, et, si ce plan réussit, ce sera au détriment de la Suède. Tâchez, monsieur de Bacourt, de faire comprendre cela au roi.

Ces ordres précis et logiques donnent une juste idée de l'esprit politique de Louis-Philippe, de sa connaissance des hommes et de la sûreté de ses prévisions. Les notes de M. de Bacourt montrent le roi sous différents aspects. En voici une d'une tout autre nature :

J'ai dîné aujourd'hui aux Tuileries; le roi était fort en train de causer ; il se plaît à retrouver parmi ses souvenirs des anecdotes qu'il raconte avec infiniment d'esprit; il a un vrai talent de mime et on a autant de plaisir à le regarder qu'à l'écouter parler.

— J'ai eu, me disait-il ce soir, beaucoup de peine à arriver en Sicile quand j'ai voulu m'y rendre pour épouser la reine. Le gouvernement anglais ne voulait pas me permettre de faire ce voyage ; j'ai même été ramené de force sur un bâtiment anglais qui me prit sur es côtes d'Afrique, et, à mon retour en Angleterre, on me déclara qu'on ne m'en laisserait plus sortir ; plus tard cependant on se relâcha de cette rigueur, et, m'étant rendu en Espagne, l'amiral Collinwood consentit à m'envoyer en Sicile, mais il eut soin de me dire : « Vous allez à Palerme, Dieu vous y garde de la reine Caroline! c'est bien la plus méchante femme qu'il ait jamais créée. »

— Il est vrai, continua le roi, qu'elle n'était pas bonne, mais personnellement je n'ai eu qu'à me louer d'elle et je dois lui en savoir doublement gré puisque j'étais son gendre. Dès que mon arrivée à Palerme lui fut signalée, elle m'attendit sur le perron du palais et, quand je me présentai, elle me prit par la main, puis, sans m'adresser une seule parole, m'emmena dans son appartement. Là, dans l'embrasure d'une fenêtre, me tenant la tête entre ses mains, elle me regarda longtemps sans parler.

« Je devrais, dit-elle enfin, vous détester, car vous avez combattu contre nous, et néanmoins je me sens du penchant pour vous ; vous venez pour épouser ma fille, eh bien! je ne serai pas contre vous, mais racontez-moi bien franchement la part que vous avez prise à la révolution française. D'avance, je vous pardonne tout à la condition de tout savoir. »

— Je fis ma confession entière, et, peu de temps après, j'épousai ma femme.

Un autre jour, ou plutôt un autre soir, car c'était toujours après dîner que ces entretiens familiers avaient lieu, le roi raconte :

En 1831, étant à Strasbourg avec le roi de Wurtemberg, il me demanda, durant une promenade en calèche, que nous faisions en tête à tête, comment je ne m'étais pas opposé à l'abolition de l'hérédité de la pairie?

Je lui répondis que je n'y attachais aucune importance en raison des nominations qu'on m'imposait, et qu'assurer l'hérédité de pairs se nommant Porché de Richebourg ou Cochon de l'Apparent ne me paraissait pas nécessaire.

La dernière conversation que je citerai est un véritable document.

J'ai eu, dit le roi, une singulière entrevue avec Danton en 1793. Après la bataille de Jemmapes, on me fit quitter l'armée de Kellermann, à laquelle j'appartenais, et on me donna l'ordre de me rendre à Strasbourg dont on m'annonçait que je serais nommé commandant. J'arrivai à Paris pour réclamer contre cette décision et je me trouvais en solliciteur chez le ministre Servan lorsque Danton y entra. Dans un intervalle de conversation, il me fit signe de m'approcher de lui et, me prenant à l'écart, il me dit :

— A quoi bon solliciter cet imbécile de Servan? Venez demain matin chez moi et vous me direz ce que vous voulez.

J'y fus effectivement; c'était à l'hôtel de la chancellerie, place Vendôme.

Dès que j'entrai, Danton me dit :

— Eh! eh! jeune homme, vous ne voulez donc pas vous rendre à Strasbourg?

— Non, je préfère rester à l'armée de Kellermann où je connais à peu près tout le monde et où je suis connu de chacun, je désire rester avec mes camarades.

— Et c'est précisément pour cela que nous voulons vous envoyer ailleurs; votre influence dans cette armée ne nous convient pas, surtout en ce moment; nous savons que vous vous avisez de tenir des propos sur le gouvernement et sur ses mesures.

— Je n'ai tenu aucun propos, j'ai seulement blâmé les massacres du 2 Septembre et, je ne crains pas de vous le dire, c'est un événement qui me fait horreur.

— Bah! bah! ne vous échauffez pas tant sur ce sujet; c'est moi qui ai ordonné ces massacres, je ne m'en repens pas et vous devriez m'en remercier. En exterminant tous ces nobles, tous ces aristocrates qui étaient dans les prisons, j'ai brûlé les vaisseaux de ceux qui défendent nos frontières; pour eux, il n'y a plus d'autre ressource que de vaincre ou de mourir: car ils savent bien maintenant que, s'ils étaient battus, nos ennemis leur feraient cruellement expier les massacres de Septembre. Quant à vous, souvenez-vous bien que tous ceux qui ont péri alors étaient vos ennemis, ceux de votre père et de votre race entière. La haine remontait au Régent. Tenez-vous donc pour dit que vous n'avez rien à espérer d'eux, ni de la ligue des rois; leur haine et leur vengeance vous poursuivront partout; si vous êtes sage, vous vous tiendrez tranquille et vous vous préparerez au rôle que l'avenir vous réserve peut-être.

— Je vous remercie de cette recommandation, mais, ce que je veux, c'est d'aller défendre mon pays et me faire tuer si l'occasion m'est favorable, car je suis rempli de dégoût pour tout ce que je vois.

Sur cela, Danton me congédia en riant et me disant:

— Soyez raisonnable, ou gare à vous !

Je ne le revis plus, et je rejoignis l'armée de Dumouriez au lieu d'aller à Strasbourg. »

Je transcris encore les lignes suivantes, lointain tableau de la famille royale réunie autour du roi, mais déjà décimée par la mort du duc d'Orléans et de la princesse Marie.

J'ai dîné hier à Neuilly (24 juin 1844); le roi et la reine m'ont encore comblé de témoignages de confiance. J'étais à table près de madame la duchesse de Nemours avec laquelle j'ai eu l'honneur de causer pour la première fois; elle est aussi aimable que belle, et très princesse sans chercher à le paraître.

On ne retrouve plus autour du roi la gaieté et l'entrain de cette royale jeunesse qui formait une incomparable famille; on sent que la mort a passé par là : la pauvre reine est inconsolablement frappée, et quand son regard s'attache sur les enfants de ceux qui ne sont plus, ses yeux se remplissent de larmes.

Avant le dîner, Sa Majesté la reine m'a présenté

à son petit-fils, le duc Philippe de Wurtemberg, et Madame la duchesse d'Orléans, qui est venue le soir, m'a présenté à Mgr le comte de Paris, charmant enfant blond et rose, avec des yeux bleus doux et caressants; on a le bon esprit de ne lui point apprendre encore à faire « son petit roi »; il est simplement poli et gentil avec tout le monde.

Je laisse maintenant la parole à Madame Adélaïde, qui ne se doutait guère, en écrivant ces lettres, que, cinquante ans plus tard, elles serviraient à honorer la mémoire du roi son frère.

LE PRINCE DE TALLEYRAND

ET

LA MAISON D'ORLÉANS

I

Madame Adélaïde au prince de Talleyrand.

Tuileries, 12 novembre 1833.

Mon cher prince,

Par un malentendu des gens du roi Léopold, ils ont mis une lettre à la poste, de lui pour vous, qu'il m'avait dit qui me serait remise pour vous l'envoyer plus sûrement ; j'espère du moins qu'elle vous sera parvenue exactement ; elle vous aura prouvé que j'avais fait votre message envers lui comme vous me l'aviez demandé; il a été on ne peut plus content de son voyage ici, qui lui aura été utile sous plus d'un rapport, et notre chère Louise était bien heureuse ; ils sont partis samedi matin ; je me suis mise au lit tout de suite après leur départ, ayant un gros rhume avec de la fièvre; j'ai gardé le lit pendant deux jours, ce qui m'a fait du bien ; je n'ai plus de fièvre et je suis mieux; mais, par ordonnance du médecin, je garde encore la chambre.

Notre cher roi est, comme vous, de plus en plus pénétré de l'importance de la chose sur laquelle vous appelez de nouveau son attention, et certes il ne néglige rien des moyens en son pouvoir pour y donner suite, mais nous sommes persuadés que le plus efficace sera *vous*, mon cher prince, que c'est encore une grande œuvre qui vous reste à faire et qui ne sera bien faite que par vous ; aussi je vous avoue que, de toute manière, je désire vivement que votre santé et vos affaires vous permettent de revenir bientôt nous voir ici pour vous rendre ensuite au poste où vous nous avez déjà rendu de si grands et importants services, mais où il vous reste encore à faire pour assurer et achever votre grande œuvre[1].

Les nouvelles d'Espagne ne sont pas ce que je voudrais ; du côté de la Biscaye les insurgés gagnent ; il est évident que Searfiels ne se sent pas assez de force pour les attaquer ; heureusement jusqu'à présent les nouvelles de Catalogne et d'Aragon sont bonnes ; ces provinces paraissent tout à fait en faveur de la jeune reine ; celles de Madrid sont aussi très bonnes ; tout y est tranquille et bien disposé pour la reine, mais nous avons avant eux ici les nouvelles de

1. Cette lettre était adressée au château de Rochecotte et le poste dont il est question était l'ambassade de Londres.

Biscaye, et c'est là surtout que cela ne va pas bien pour le moment ; je crains, d'après la tournure que cela prend, que cela ne soit une longue affaire où il y aura bien des alternatives, bien des hauts et des bas avant d'obtenir un résultat.

Je viens de recevoir une aimable lettre et un charmant ouvrage de madame de Dino ; veuillez, mon cher prince, lui dire combien j'y suis sensible et que mon intention est de l'en remercier moi-même le plus tôt qu'il me sera possible.

Donnez-moi de vos nouvelles, mon cher prince, et recevez de nouveau l'expression de tous les constants sentiments que vous me connaissez pour vous depuis si longtemps.

A. D'O.

II

Madame Adélaïde au prince de Talleyrand.

Tuileries, 22 janvier 1834.

Mon cher prince,

Vous aurez vu par ma lettre qui s'est croisée avec la vôtre que je n'avais pas attendu votre aimable demande pour vous donner de mes nouvelles ; le fait est que quand je me suis levée, j'étais très faible, très fatiguée, et qu'il m'eût été bien difficile d'écrire.

Quant au grand incident de l'adresse, il

nous a surpris autant que vous et je ne sais trop que vous en dire, car il y a des choses qu'on ne peut expliquer que par l'entraînement de la tribune, où on voit souvent d'habiles orateurs aller plus loin qu'ils ne le comptaient eux-mêmes et s'exprimer de manière à produire un effet contraire à celui qu'ils se proposaient. Ce qu'il y a de bien certain, mon cher prince, c'est que rien n'est changé ni au système, ni aux intentions que vous connaissez bien, ni à la marche que l'on veut suivre (et qu'on suivra, n'en doutez pas), ni au vif désir de resserrer de plus en plus notre union avec l'Angleterre.

Je cherche en vain ce qui pourrait inspirer des craintes ou faire naître des doutes à cet égard, et il serait bien injuste et bien malheureux que la phrase que l'on vous avait promise et qui produirait un si bon effet, fût affaiblie par un incident que nous étions loin de prévoir, mais qui n'a pas l'importance qu'on veut lui attribuer.

Votre grande expérience doit vous faire sentir mieux qu'à personne que l'on ne peut diriger comme on le voudrait ni les plumes, ni les langues, ni quelquefois même les têtes, et il me semble qu'en Angleterre plus qu'ailleurs, on devrait être indulgent à cet égard, car on y a bien souvent l'occasion de regretter l'obligation de traiter à la tribune des sujets aussi délicats.

J'ai déjà brûlé votre lettre comme vous le désiriez ; je vous demande d'en faire autant de celle-ci et de me dire que cela a été fait.

Je suis bien de votre avis qu'il est essentiel que toutes les dépêches soient soumises au roi ; il y a longtemps que nous formons ce vœu, nous n'y pouvons que cela malheureusement vous et moi.

Voilà le ministère changé en Espagne; qu'en pensez-vous? Nous nous y attendions. J'ai été pour la première fois, hier, faire une petite promenade à Neuilly; mes jambes sont encore faibles, mais, du reste, je suis beaucoup mieux.

Je tiens à ce que cette lettre parte par l'estafette d'aujourd'hui; j'en reste donc là, et c'est de tout mon cœur, mon cher prince, que je vous renouvelle l'expression de tous mes sentiments pour vous.

A. D'O.

III

Madame Adélaïde au prince de Talleyrand.

Tuileries, 8 février 1834.

Mon cher prince, vous avez été bien bon et bien aimable pour moi ; j'étais empressée de vous en remercier, ainsi que madame de Dino d'avoir bien voulu faire la copie si intéressante pour nous que vous m'avez envoyée ; le roi en a été bien touché ainsi que moi et mon projet est de lui écrire aujourd'hui pour le lui exprimer moi-même ; je suis vraiment honteuse de répondre en même temps à votre intéressante lettre du 2 février et à celle du 4 qui ne l'est pas moins; croyez que ce n'est pas ma faute; j'ai été très en l'air, en visites de malades dans le château, qui prennent du temps, car vous savez que les distances y sont grandes, surtout de chez Chartres[1] chez moi: il a eu une inflammation des bronches, maladie très à la mode depuis quelque temps; il a été saigné, puis a mis des sangsues; il n'a plus autant de fièvre, commence à se lever et est, grâce au ciel, très bien maintenant; il n'y a jamais eu un instant d'inquiétude, mais ces sortes de maux, à son âge surtout, demandent beaucoup de soins et de ménagements, ce qu'il n'est pas toujours facile de persuader à un jeune homme.

Nous sommes très satisfaits de la phrase qui nous regarde dans le discours; elle est bien; notre cher roi qui sait comme moi,

1. Le duc d'Orléans qu'on continuait à appeler ainsi dans la famille royale.

la grande part que vous y avez s'en félicite avec vous ; cela fera très bon effet.

Les nouvelles de Pétersbourg sont bonnes ; je suis enchantée que le maréchal Maison y ait autant de succès et qu'il y convienne si bien ; l'extrait de lettre que vous me donnez est très curieux : mon *petit possible* nous a fait grand plaisir.

Je n'ai pas manqué de communiquer au roi le passage de votre lettre sur le baron de Talleyrand ; lors de son changement, il avait été dit à notre cher roi qu'on vous en avait parlé, que cela vous convenait et que sa position pécuniaire était la même à Hambourg qu'à Florence ; d'après ce que vous me mandez, le roi va en reparler à M. de Broglie, prendre de nouvelles informations, et je vous ferai part de ce qui aura été dit et fait sur cela, désirant vivement que ce soit selon ce que vous souhaitez ; j'espère que vous n'en doutez pas.

On dit qu'en Angleterre, on n'a pas d'éloignement pour le mariage du duc de Leuchtenberg avec la jeune reine de Portugal; cependant, avec le désir d'éloigner dom Pedro du pouvoir, on devrait sentir que cette union sera le meilleur moyen de lui donner de plus en plus empire sur la jeune reine et de le maintenir au timon des affaires; je suis bien persuadée que vous le jugez de même et quelques paroles sur cela de votre part seraient, je crois, utiles; qu'en pensez-vous?

Après le triste duel qui a eu lieu dernièrement et qui a eu un si funeste résultat pour un des combattants (ce qui est toujours à déplorer) ceux qui désirent du désordre se flattaient et annonçaient hautement qu'il y en aurait à l'occasion du convoi; heureusement, ils ont été trompés dans leur attente; il n'y a pas eu la moindre chose et toute la population a montré les meilleures dispositions; tout s'est passé avec la plus grande convenance et le plus grand calme.

Je n'oublierai plus l'anniversaire du 1er février; j'espère et je désire de tout mon cœur qu'il se renouvelle encore longtemps pour vous et pour nous, mon cher prince. Je vous offre l'expression de tous les sentiments que vous me connaissez pour vous.

A. D'O.

P.-S. — J'ai reçu votre petit billet; ce que vous désirez a été fait et le sera à l'avenir; je vous plains du fond de mon âme qui sent votre peine, mais je n'aime pas à vous entretenir d'un sujet aussi pénible.

IV

Madame Adélaïde au prince de Talleyrand.

Tuileries, 27 février 1834.

Mon cher prince,

Je reçois à l'instant votre lettre du 25, et c'est avec un véritable empressement que je viens y répondre, étant vivement touchée de votre confiance et ayant aussi depuis bien des jours le besoin de vous écrire; sentant que vous deviez désirer des nouvelles, j'éprouvais un véritable regret de n'avoir pu le faire jusqu'à aujourd'hui; j'espère, au moins, que M. Standish à son arrivée à Londres aura été vous porter tout de suite des nouvelles tranquillisantes d'ici et vous aura transmis mon message, comme il me l'avait promis au moment de son départ. Tous les contes qu'on a faits sur le voyage du roi à Fontainebleau sont sans aucune espèce de fondement; il y avait longtemps que notre cher roi projetait de faire une course légère à Fontainebleau pour voir les réparations, les travaux qu'il y fait faire; le temps étant superbe, et un peu plus libre le jeudi, il y a huit jours aujourd'hui, il fit ordonner ses chevaux et, pour perdre le moins de temps possible, il partit à minuit avec Reinville, M. de Montalivet et ses aides de camp, comptant n'y rester que le temps nécessaire pour voir ses travaux et revenir le vendredi soir ici, ce qu'il avait annoncé d'avance et ce qu'il a fait; il n'y a point eu de retour précipité; je n'ai pas fait la course avec lui parce que j'avais encore un peu de rhume; quant à Chartres, il est très bien à présent, se promène, monte à cheval et ne tousse plus; nous avons gagné jusqu'à présent qu'il ne reprît pas encore sa vie habituelle, mais il m'a annoncé ce matin qu'il se sentait si bien qu'il voulait la reprendre samedi pour le retour de la reine et de ses sœurs de Bruxelles; nous les attendons ce jour-là pour dîner et nous en avons de très bonnes nouvelles ainsi que de Louise et de son enfant.

Marseille, Lyon et Saint-Étienne, ainsi que ce que nous venons d'avoir à Paris, était une même chose et un coup monté par les mêmes factions et républicains, par les associations et les sociétés secrètes; les ouvriers de Lyon et de Saint-Étienne n'ont heureusement voulu prendre aucune part à l'émeute et tout est maintenant rentré dans l'ordre dans ces trois villes; à Lyon et à Saint-Étienne, les ouvriers se sont remis au travail et tout y est dans la plus parfaite tranquillité; ici la population n'a non seulement pas pris part aux tentatives de désordre, mais en est indignée; la garde nationale en est exaspérée ainsi que la troupe de ligne, et, de fait, cela n'a été qu'une poignée de misérables qui ne pouvait donner d'inquiétudes sérieuses; en définitive, c'est un mal pour un bien, faisant sentir généralement la nécessité d'une loi pour réprimer les associations et sociétés secrètes et la faisant désirer; on espère que cette loi passera à la Chambre à une très grande majorité.

Je suis bien contente de ce que vous me dites de la bonne disposition du ministère anglais au sujet des affaires du Luxembourg. Notre cher roi vient de me dire que le duc de Broglie, qui sort de chez lui, lui a parlé de la dépêche qu'il a reçue de vous et de l'accord existant entre le ministère anglais et nous sur l'affaire du Luxembourg, ce dont il est fort content; mais quant à la proposition qui, me dites-vous, termine votre dépêche, il n'en sait rien et n'en aura probablement connaissance que quand le duc de Broglie lui aura envoyé cette dépêche. Le roi pense, comme vous, que le nouveau traité russo-turc est une grande amélioration, mais que cela ne peut pas changer matériellement la position relative de la Russie et de la Turquie, qui est celle de la force et de la nullité.

Ainsi, ce que le roi croit le plus essentiel, c'est le désarmement de la flotte de la mer Noire, parce que, tant qu'elle est armée, elle peut transporter les Russes à Constantinople en trois jours. Une fois cette flotte désarmée, le mouvement rapide n'est plus possible.

Mais le point principal, le nœud gordien de cette affaire, c'est la politique de l'Autriche; la Russie ne bougera pas si elle n'a pas l'assentiment de l'Autriche, et j'appelle assentiment la certitude de son inaction.

La question est de savoir ce qui est fait à cet égard; l'Angleterre est, de toutes manières, mieux placée que nous pour le découvrir, et c'est à elle à nous le dire; tâchez donc qu'elle le fasse.

Je suis charmée du bon effet que vous ressentez de votre course à Woburn; c'est un lieu bien beau; croyez, mon cher prince, que je vous plains et que je partage la peine que vous cause le triste état de votre pauvre frère; ce que vous me dites en m'en parlant me touche vivement, parce que cela me prouve que vous rendez justice à tout l'intérêt que je prends à ce qui vous regarde, et je vous en sais bien bon gré. Je n'ai que l'instant de fermer ma lettre pour ne pas manquer le départ de l'estafette; c'est de tout mon cœur, mon cher prince, que je vous renouvelle l'expression de tous mes sentiments.

A. D'O.

V

Madame Adélaïde au prince de Talleyrand.

Tuileries, 28 février 1834.

Malgré toute la hâte que j'ai mise à vous écrire hier, mon cher prince, ma lettre est arrivée trop tard à la poste pour partir par l'estafette, et j'en profite pour rouvrir mon paquet et répondre à la question que vous me faites sur l'ordonnance de police qui exige la fermeture des théâtres à onze heures. Il est bon que vous sachiez que notre cher roi l'ignorait entièrement, et lorsqu'il revint de Fontainebleau et que je lui parlai de cette ordonnance, il me répondit : « Je ne sais pas ce que tu veux dire ; je ne sais rien de tout cela. » Le ministre des travaux publics l'a signée sans l'avoir lue, ce que je suis loin d'approuver, mais ce qui explique encore mieux l'ignorance du roi à cet égard. Le ministre n'avait que faire de sa signature pour ces choses-là, mais si lui-même n'avait pas signé sans lire, il lui en aurait peut-être parlé.

Pour ma part, je regrette beaucoup que cela se soit ainsi passé ; je crois qu'il valait mieux ne pas faire revivre cette ordonnance de police qu'on a été rechercher dans je ne sais quel temps, mais cela ne regarde pas les grands théâtres, et ne porte que sur les petits.

Nous sommes parfaitement tranquilles ici ; voici deux nuits qu'il n'y a même pas de promenades ni de chants ; c'est aujourd'hui qu'on juge Cabot ; cela pourrait être un prétexte de tenter encore quelque chose, mais, en tous cas, cela ne nous inquiète pas.

Je me souviens parfaitement de Woburn ; le site est magnifique et le château fort beau ; je suis bien aise que vous ayez eu là le loisir de causer longuement avec lord Grey ; cela est toujours bon et utile, et ce que vous me dites sur ses affections toutes françaises me fait grand plaisir, d'autant que je le croyais.

Il faut que mon paquet soit à la poste avant quatre heures, pour partir par l'estafette, que je ne veux absolument pas manquer aujourd'hui, et pour cela, après vous avoir encore remercié de tout mon cœur de votre lettre, je ferme la mienne.

A. D'O.

P.-S. — Le roi n'a pas encore votre dépêche ; il ne l'aura que ce soir, mais le duc de Broglie, qu'il vient de voir, lui a parlé de la proposition qui la termine et qui paraît excellente à notre cher roi.

VI

Madame Adélaïde au prince de Talleyrand.

Tuileries, 1er mars 1834.

Mon cher prince,

Le roi me charge de vous dire qu'il a lu votre dépêche, que le développement qu'il y trouve est aussi juste que bien exprimé.

Nous attendons à tout instant l'arrivée de la reine.

Vous savez sans doute que Cabot a été condamné hier soir ; cela produit ici un grand effet qui retentira peut-être en Angleterre.

Je n'ai que l'instant de vous renouveler, mon cher prince, l'expression de tous mes sentiments dévoués.

A. D'O.

VII

Madame Adélaïde au prince de Talleyrand.

Tuileries, 16 mars 1834.

Mon cher prince, ce billet vous sera remis par M. Tassin, le fils de mon bijoutier, qui va à Londres pour une affaire très importante pour lui et très délicate ; il m'a demandé de lui donner un petit mot de recommandation pour vous, ce que je fais très volontiers, car le père et le fils sont excellents, très dévoués et des plus zélés dans la garde nationale. Je vous demande donc quelques bontés pour lui et de l'aider un peu de vos bons avis pour son affaire. Je compte vous écrire bien incessamment ainsi qu'à madame de Dino ; en attendant je vous remercie de tout mon cœur de votre bonne lettre du 10 mars et madame de Dino de la sienne du 1er.

Recevez, mon cher prince, l'expression de mes anciens et constants sentiments pour vous.

ADÉLAÏDE D'ORLÉANS.

VIII

Madame Adélaïde au prince de Talleyrand.

Tuileries, 17 mars 1834.

Je vous remercie beaucoup, mon cher prince, de votre bonne et intéressante lettre du 10; nous serons charmés d'avoir ici la visite de M. Ellice et de lord Durham, et je serais surtout fort aise que ce dernier répétât ici les sages paroles qu'il vous a dites.

La discussion sur la loi d'association, malgré un peu de retard, marche bien et l'on ne doute pas qu'elle passe à une grande majorité. Vous aurez été certainement bien content du beau discours de M. Guizot, qui a produit ici un excellent effet; il est vraiment parfait. On dit que M. Thiers a aussi très bien parlé hier, mais, comme la séance a fini très tard, on n'a pas eu le temps de mettre son discours dans le *Moniteur* et je ne le connais pas encore. Il y a un nouveau député de Bordeaux, un M. Hervé, qui annonce aussi du talent et qui a très bien parlé l'autre jour; en tout, on espère que les nouvelles élections pour la Chambre de la session prochaine seront très bonnes; cela est fort important; il est certain que le sage et bon esprit fait de grands progrès; notre pauvre roi n'en mène pas moins une vie bien fatigante et souvent très ennuyeuse, mais sa patience et sa persévérance surmontent tout; heureusement sa santé est excellente.

Nous avons depuis quelques jours un vent froid dont je me suis ressentie par un retour de toux, mais je suis mieux aujourd'hui; je désire bien que vous n'ayez pas ce mauvais vent à Londres et surtout que votre santé n'en souffre pas; mon cher prince, donnez-moi de vos nouvelles; c'est de tout mon cœur que je vous renouvelle l'expression des sentiments que vous me connaissez pour vous depuis si longtemps.

L.-A. D'O.

P.-S. — Je vous ai écrit hier un petit mot par Tassin.

IX

Madame Adélaïde au prince de Talleyrand.

Tuileries, 2 avril 1834.

Mon cher prince,

Je suis sûre que dans ce moment vous désirez une lettre de moi; aussi, quoique je ne sache encore rien de ce qui se décide probablement à l'heure présente au conseil, où notre pauvre cher roi est depuis ce matin, après en avoir eu hier jusqu'à minuit, je viens gémir avec vous du déplorable vote de la Chambre et de la séance d'hier; c'est bien grave et bien malheureux; je comprends que le duc de Broglie et Sébastiani ne veuillent pas rester, et quelles tristes conséquences va avoir ce rejet du traité américain; quelle ignorance et quelle bêtise de la part de cette Chambre, qui avait été si bien pour la loi des associations.

Nous avons eu hier à dîner lord Durham et M. Ellice, qui sont très bien et très aimables pour nous. On parle beaucoup d'un voyage que le roi de Naples doit faire ici et en Angleterre; ce qu'il y a de certain, c'est qu'il est à Rome avec la reine, le prince Charles, le prince de Salerne et sa femme; le prince de Salerne a écrit à notre reine que c'était pour y passer la semaine sainte; nous n'en savons pas davantage et le public est plus instruit que nous là-dessus.

Notre cher roi est encore à trois heures au conseil, mais Sébastiani, qui en sort, vient de me dire que ce sera probablement

M. de Rigny qui passera aux affaires étrangères; j'ignore encore qui remplacera M. de Rigny à la marine; du reste, le ministère reste le même, ce qui était bien à désirer dans la circonstance actuelle.

J'espère recevoir bientôt une lettre de vous, mon cher prince, et je le désire; madame de Dino m'en a écrit une bien aimable dernièrement; je vous prie de l'en remercier de ma part.

On dit qu'il y a déjà réaction dans la Chambre sur le vote d'hier et regret; malheureusement il n'est plus temps.

La santé de Chartres est meilleure, et les médecins persistent à assurer qu'il n'a pas la moindre chose à la poitrine et qu'il ne lui faut que des ménagements; il compte aller prendre l'air et du repos à Meudon incessamment; je crois que cela achèvera de le remettre entièrememt.

Pour ne pas manquer l'estafette, je me hâte de fermer ma lettre; mon cher prince, c'est de tout mon cœur que je vous renouvelle l'assurance de tous les sentiments que vous me connaissez pour vous.

A. D'O.

P.-S. — Je ne sais rien du roi; il est encore au conseil à quatre heures, et cela depuis dix heures du matin.

X

Madame Adélaïde au prince de Talleyrand.

Tuileries, 4 avril 1834.

J'espérais avoir à vous mander hier, mon cher prince, que l'arrangement du ministère était terminé comme je l'espérais lorsque je vous ai écrit le 2, ce qui était le moins de changement possible et certainement, par cette seule raison et dans les circonstances présentes surtout, ce qu'il y avait de mieux; c'était bien aussi l'avis du maréchal Soult, de Sébastiani, et, dans le premier moment, de la grande majorité du conseil; la première pierre d'achoppement a été M. Molé, auquel il y a eu objection par égard pour nous et l'Angleterre. Effectivement, comme vous le dites dans votre lettre, ce n'est que l'autorité, la longanimité et l'esprit conciliateur de notre cher roi qui tient son ministère et le fait durer; les hommes se fatiguent d'être ensemble, et ce dont on est satisfait en commençant ne contente pas au bout d'un certain temps, et le métier le plus difficile est celui de notre pauvre cher roi qui doit accorder et maintenir les têtes, mais il en a une qui, grâce au ciel et pour le bonheur de notre patrie, fait face à tout; il faut sa force d'âme et sa ferme volonté pour y résister. Il n'y a encore rien de fait pour le ministère; aussitôt qu'il y aura quelque chose de décidé, je vous le manderai; en attendant, chacun reste à son poste.

Je vous remercie bien de vos bontés pour Tassin ; je suis triste des tourments de notre cher roi. Adieu, mon cher prince, je me hâte de finir pour ne pas manquer l'estafette.

Je vous renouvelle de tout mon cœur l'expression de tous mes sentiments.

A. D'O.

XI

Madame Adélaïde au prince de Talleyrand.

Tuileries, 5 avril 1834.

La grande affaire du ministère est enfin terminée d'hier au soir, mon cher prince; je joins ici la partie officielle du *Moniteur*, qui vous donnera toute la nouvelle composition; ce sont des gens de talent, et j'espère que cela marchera bien. Je suis bien aise que cela soit fini, car notre cher roi a bien besoin de se reposer un peu des fatigues de tout genre de ces jours derniers. Il y a un oubli dans le *Moniteur* que je vous envoie; il sera réparé: c'est que Sébastiani est nommé à l'ambassade de Naples où il fera certainement très bien.

Une chose qui nous choque, c'est que beaucoup de journaux anglais, et d'autres aussi, attribuent à d'autres causes, et à d'autres qu'au roi et à vous, l'union de la France et de l'Angleterre et la pensée de l'alliance, tandis que, ainsi que le dit notre cher roi, c'est bien lui qui en est le père et vous le parrain. Vous devez réclamer cet honneur, et pour vous et pour lui, et si vous trouvez moyen de faire dire quelque chose sur cela dans une gazette anglaise, je crois que ce serait très bien fait; pour moi, mon cher prince, je le désire beaucoup pour notre cher roi et pour vous qui l'avez si utilement et si parfaitement secondé dans cette grande et importante affaire.

Je me hâte, pour ne pas manquer l'estafette ; recevez de nouveau, mon cher prince, l'expression de tous les sentiments que vous me connaissez depuis si longtemps pour vous.

A. D'O.

XII

Madame Adélaïde au prince de Talleyrand.

Tuileries, 11 avril 1834.

Les tourments, depuis quinze jours, ne nous laissent pas en repos : à celui du ministère a succédé celui de Lyon ; je viens avec empressement vous faire part des nouvelles arrivées ce matin qui sont un succès complet; les troupes sont maîtresses de toutes les positions ; le résultat est assuré, d'après ce que mande le préfet le 9 au soir, mais il y a toujours à gémir de ces victoires-là, tant de malheureux en sont victimes; les insurgés étaient retirés et cernés dans quelques rues étroites, mais on les aura à discrétion; il est impossible qu'ils y tiennent. Il paraît qu'ils avaient été casser le télégraphe du poste après Lyon; on le suppose, du moins, parce que depuis hier matin, il n'y a pas eu de dépêche télégraphique et les nouvelles sont venues aujourd'hui par estafette; le temps qui n'est pas clair peut aussi empêcher le télégraphe de parler; cela ne donne du reste, d'après les bonnes nouvelles que nous avons, aucune inquiétude.

J'ai reçu hier votre lettre du 7; je vous en remercie, ainsi que celle du 3; je n'ai pas le temps d'y répondre dans ce moment, mais je le ferai très incessamment; et, en attendant, c'est de tout cœur que je vous renouvelle l'expression de tous mes sentiments pour vous, mon cher prince.

A. D'O.

XI

Madame Adélaïde au prince de Talleyrand.

Tuileries, 13 avril 1834.
Dimanche.

Enfin, mon cher prince, nous voilà hors des cruels tourments que nous cause depuis quelques jours la bien triste affaire de Lyon; nous venons de recevoir la dépêche télégraphique de Villefranche, datée de Lyon le 12, à onze heures du soir, qui nous donne la consolante nouvelle que tout est terminé; j'en joins ici une copie [1]; il y a bien à

1. De Lyon, du 12 avril, onze heures du soir.

Le sous-préfet de Villefranche au ministre de l'intérieur.

Lyon est délivré; les faubourgs occupés par les insurgés

gémir sur une pareille victoire, mais elle est d'une grande importance pour l'ordre public et pour l'avenir de notre belle et bonne patrie; les conséquences en sont immenses! Je ne vous ai pas écrit hier, je n'avais rien de nouveau à vous dire et c'était bien triste; nous n'avions les nouvelles de Lyon que du 10 avril, cinq heures du soir, et les choses dans le même état. Les autorités de Lyon, le préfet, le procureur du roi, les généraux et toute notre si brave et bonne armée ont été admirables. Je n'ai que l'instant de vous écrire ce peu de lignes pour ne pas manquer l'estafette, mais je me dédommagerai prochainement.

C'est de tout cœur, mon cher prince, que je vous réitère l'expression de tous mes sentiments.

A. D'O.

sont tombés en notre pouvoir; les communications sont rétablies partout. Les malles-poste ont repris leur service ce soir. Les anarchistes sont dans le plus grand désordre.

XIV

Madame Adélaïde au prince de Talleyrand.

Tuileries, 14 avril, 2 heures 1/2.

Je ne me doutais guère hier, mon cher prince, quand je vous ai écrit, que, quelques heures après, nous aurions des barricades dans un coin de Paris; cela n'a été qu'un piège pour commettre des assassinats, car aucune n'a tenu; c'est une bande d'assassins et de lâches déchaînés dans Paris.

Nous avons passé une affreuse nuit et une affreuse matinée pendant les promenades de notre cher roi, et celles de Chartres et de Nemours, qui ont été tous deux ce matin dans la rue Saint-Martin, et sur lesquels ces infâmes ont tiré des fenêtres d'une maison. Grâce à Dieu, tout est fini maintenant! la Chambre des députés vient de venir en masse chez notre cher roi lui témoigner son indignation et l'assurer de nouveau de son attachement à sa personne par l'organe de son président. La Chambre des pairs va venir; la population est excellente, et, dans son indignation, la garde nationale a été admirable ainsi que la troupe de ligne; malheureusement il y a eu parmi eux des victimes de ces monstres. Je vous envoie le *Journal des Débats* qui rend compte de ce qui s'est passé hier soir et cette nuit; j'espère que les deux Chambres prendront des mesures énergiques pour prévenir le retour de pareilles horreurs; je

5.

n'ai que l'instant de fermer; vous connaissez mes sentiments pour vous.

Les nouvelles de Lyon sont très bonnes; tout y est fini.

A. D'O.

XV

Madame Adélaïde au prince de Talleyrand.

Tuileries, 23 avril 1834.

Ce n'est qu'avant-hier soir, mon cher prince, que j'ai reçu votre lettre du 17 ; je comptais vous remercier hier, mais un violent mal de tête dont je me ressens encore aujourd'hui y a mis obstacle à mon grand regret. Je ne comprends pas pourquoi cette lettre a été si longtemps à me parvenir ; cela me prouve de plus en plus que vous aviez raison de me dire que le plus prompt et le plus court pour écrire est par l'estafette; aussi je vous demande de m'écrire dorénavant toujours par cette voie.

Votre lettre m'a fait grand plaisir ; je suis charmée de ce que vous me dites sur le bon effet produit par nos derniers événements, et sur la justice qu'on rend à notre cher roi, qui me charge de vous assurer qu'il est parfaitement satisfait et content de tout ce que vous venez de faire, qu'il vous en remercie de tout son cœur; c'est une bonne et grande œuvre. Il a parlé à M. de Rigny relativement à ce que vous me mandez sur les congés, pour qu'il fasse à cet égard ce que vous désirez, mon cher prince, ainsi que nous le souhaitons toujours en toute occasion.

La reine a été bien sensible à ce que vous me dites pour elle, et elle me charge de vous en remercier. J'en reste là pour aujourd'hui, voulant encore écrire à madame de Dino à qui je dois une réponse depuis longtemps, mais sa lettre m'est arrivée au moment de tous nos tourments, ce qui rendra simple à ses yeux mon retard.

Adieu, mon cher prince, recevez de nouveau l'expression de tous mes anciens et constants sentiments pour vous.

A. D'O.

P.-S. — J'oubliais de vous dire que, d'après votre conseil, notre cher roi a eu une longue conversation avec lord Durham et qu'il en a été très content.

XVI

Madame Adélaïde au prince de Talleyrand.

Tuileries, 26 avril 1834.

Mon cher prince, je ne puis assez vous remercier de votre excellente lettre du 21; les détails que vous me donnez me font un extrême plaisir; vous venez de conclure une bien importante affaire pour nous, et en vérité aussi, je crois, pour l'Europe; je m'en félicite de bon cœur avec vous. Notre cher roi me charge de vous dire que vous avez tout à fait rempli ses intentions et que vous avez fait merveille; qu'il est parfaitement content et que c'est bien sincèrement qu'il vous en remercie; les gazettes anglaises ont déjà parlé de ce traité, et les nôtres, d'après elles, en parlent ce matin d'une manière favorable, du moins celles que j'ai vues; elles paraissent en sentir l'importance et ses avantages pour la France. Il est bien digne de vous d'avoir surmonté les grandes difficultés qui s'opposaient à ce résultat si utile pour notre pays.

Le roi a prononcé les paroles sérieuses que vous désiriez, et je vous certifie que ce n'est ni sa faute ni la nôtre si la discrétion n'est pas observée comme elle devrait l'être et comme, j'en suis bien d'accord avec vous, il serait à souhaiter qu'elle le fût.

Je suis charmée que votre *Mob* se soit terminée aussi tranquillement; c'est une singulière chose que cet ordre dans le désordre; cela ne se voit qu'en Angleterre; vous êtes bien aimable d'avoir ajouté quelques mots à la fin de votre lettre pour me rassurer sur ce que vous m'en disiez au commencement. Je vous renouvelle ma demande de m'écrire par l'estafette de préféı ence à tout, car votre lettre du 21 ne m'est encore parvenue que le 24 au soir.

Nous allons avoir la semaine prochaine la grande discussion sur les crédits supplémentaires pour l'armée; la commission de la Chambre y est favorable, mais néanmoins je ne serai tranquille sur le vote que quand il sera fait, quoiqu'il y ait beaucoup d'espoir qu'après la lutte vive à laquelle on s'attend, cela passera comme le gouvernement le propose. Toutes les nouvelles des départements sont bonnes ; à Lyon tout est parfaitement tranquille et ici aussi.

C'est de tout mon cœur, cher prince, que je vous renouvelle l'expression de mes sentiments pour vous.

A. D'O.

XVII

Madame Adélaïde au prince de Talleyrand.

Tuileries, 2 mai 1834.

Un mot seulement, mon cher prince, pour vous envoyer les discours d'hier des deux présidents des Chambres au roi, et ses réponses dont vous serez content, j'en suis sûre; cette fête (la Saint-Philippe) s'est passée comme nous pouvions le désirer, notre cher roi ayant reçu à cette occasion tous les témoignages d'affection et de confiance qu'il mérite à tant de titres Nous venons de recevoir en forme le prince de

Boutera comme ambassadeur de Naples. Je suis en retard et je ne veux pas manquer l'estafette; pour cela, il faut que j'en finisse; vous serez satisfait aussi du discours de Pozzo, et de la réponse du roi.

En hâte, je vous renouvelle, cher prince, l'expression de mes sentiments.

A. D'O.

XVIII

Madame Adélaïde au prince de Talleyrand.

Tuileries, 6 mai 1834.

Je suis charmée, mon cher prince, que vous ayez été content de ma lettre et des messages que notre cher roi m'avait donnés pour vous; dans ce moment, il est inquiet de voir, d'après ce que contiennent les dépêches, qu'on a le désir de reformer de nouveau la conférence en écartant la question du Luxembourg; il craint que ce ne soit une finesse du roi de Hollande et consorts pour se retrancher derrière la Diète sur laquelle ils ont influence, à qui ils font faire ce qu'ils désirent, tandis que nous, c'est le corps sur lequel nous avons le moins de prise et qui est inattaquable pour nous ; il croit donc essentiel, pour les intérêts de la Belgique et les nôtres, de rester tous dans la position où nous sommes, qu'il trouve excellente, et de ne pas reprendre la conférence jusqu'à ce que nous ayons obtenu tout ce que nous avions exigé d'abord.

Vous êtes bien aimable de causer un peu longuement avec moi ; je n'ai pas besoin de vous dire, n'est-ce pas, que cela me fait grand plaisir, car vous savez bien que j'aime votre causerie.

Nous soignerons comme vous le désirez le duc de Richmond ; quant au prince Esterhazy, le roi sera charmé de le revoir comme ancienne connaissance, ainsi que nous tous, et certes ce que vous me mandez sur lui et votre recommandation, mon cher prince, ne peut encore qu'ajouter à sa bonne réception chez nous.

Le cher enfant de Louise nous a donné bien des inquiétudes; il est mieux maintenant, mais cependant je ne suis pas parfaitement tranquille sur son état, ce qui est bien pénible, car, pour le cœur et pour tout, ce cher enfant est bien précieux. Il faut donner les lettres avant quatre heures; je me presse pour ne pas manquer l'estafette.

Recevez, mon cher prince, l'expression de tous mes sentiments.

A. D'O.

P.-S. — Je vous prie, mon cher prince, d'être mon bon interprète auprès de madame de Dino.

Le roi reçoit à l'instant la dépêche télégraphique de Bayonne que voici, et que je vous transmets de sa part mais *pour vous :*

Bayonne, le 6 mai 1834.

Le général Harispe
à M. le ministre de la guerre.

Le comte de Shée, secrétaire d'ambassade de France, est parti de Madrid le 3 et apporte la nouvelle que don Carlos s'embarque pour Londres et que les affaires du Portugal sont arrangées entre dom Miguel et dom Pedro par la médiation de l'Angleterre.

Voilà une bonne et grande nouvelle.

XIX

Madame Adélaïde au prince de Talleyrand.

Neuilly, 20 mai 1834.

Je suis bien sûre, mon cher prince, que vous prenez bien part à notre profond chagrin de la cruelle et douloureuse perte que vient de faire notre chère Louise, du plus beau et charmant enfant qu'on puisse voir; c'est un malheur affreux et ses lettres ainsi que celles de Léopold sont déchirantes; ce pauvre petit traînait depuis longtemps quand notre reine fut à Bruxelles; au mois de février il n'était déjà plus dans ce brillant et parfait état où je l'avais vu au mois de décembre ; il avait déjà le germe de la cruelle maladie qu'il eut le mois suivant, et depuis lors, il ne s'est jamais remis; nous avons appris cette cruelle nouvelle avant-hier matin, et comme une lettre du roi Léopold, de vendredi matin, nous annonçait, prévoyant la catastrophe bien prochaine, que son intention était après le malheur de nous amener Louise, nous nous sommes décidés à venir tout de suite nous établir ici, pensant que ce séjour serait celui qui lui conviendrait le mieux. Notre cher roi et notre pauvre reine sont désolés pour leur fille chérie et qui mérite tant de l'être, car c'est un véritable petit ange; nous avons de ses nouvelles aujourd'hui, sa piété la soutient et sa santé est aussi bonne que possible après une pareille secousse morale. Elle nous mande que l'ouverture de la Chambre se faisant jeudi prochain, le roi et elle ne pourront partir que lundi ou mardi, ainsi nous ne les attendions pas cette semaine ; c'est vraiment bien bon à Léopold de nous l'amener ici ; il est parfait pour elle, excellent, et lui aussi est bien malheureux, car outre la peine de cœur qui passe avant tout, c'est encore un malheur politique.

Toutes ces douloureuses circonstances m'ont empêchée de répondre tout de suite comme je l'aurais voulu à votre intéressante lettre du 12 ; je sens toute l'importance de ce que vous me confiez et combien le secret est essentiel de ma part. *C'est uniquement entre le roi, vous et moi*. Cela nous afflige beaucoup, mais nous espérons que cela n'aura pas la suite qui serait si fâcheuse, si grave ! Nous faisons bien des vœux pour que l'inquiétude soit promptement dissipée et nous attendons avec une vive impatience une seconde lettre de vous.

Tout est parfaitement calme et tranquille ici ; la session se termine très bien ; on dit que ce sera aujourd'hui la dernière séance des députés, et tout fait présager de bonnes élections pour la session prochaine.

On vient de me dire à l'instant que M. de La Fayette, qui était bien mal depuis plusieurs jours, est mort ce matin à cinq heures; il y a quelques mois, cela aurait pu être une occasion de troubles, mais maintenant je n'ai pas cette crainte. Tous les honneurs lui seront rendus comme lieutenant général et ancien commandant de la garde nationale.

Je vous remercie encore de nouveau de votre bonne longue lettre qui est une véritable causerie; tout, soyez-en bien certain, restera *entre nous trois*. J'ai bien joui de la parfaite réponse de lord Grey à l'inconcevable attaque de lord Londonderry et je suis charmée de tous les témoignages flatteurs et satisfaisants qu'elle vous a valus. Je vous sais bien bon gré de m'avoir donné tous ces détails ; c'est de tout cœur, mon cher prince, que je vous renouvelle l'expression de tous mes sentiments pour vous.

A. D'O.

P.-S. — Vous trouverez dans le *Moniteur* la nomination de l'amiral Jacob comme ministre de la marine; ce choix est généralement approuvé. L'amiral Roussin n'a pas accepté.

XX

Madame Adélaïde au prince de Talleyrand.

Neuilly, 23 mai 1834.

Qui croirait, mon cher prince, que le roi Léopold n'ayant que quarante-trois ans et une femme jeune et en parfaite santé se laisse entraîner par l'amertume que lui cause la perte de son enfant à vouloir *seul* et de *lui-même* assurer sa succession au trône de Belgique à ses neveux, à la maison de Saxe, ce à quoi il n'avait pas pensé au moment de son mariage, ni avant, et certes il y a moins de motifs de le faire à présent qu'avant la naissance du cher petit que nous pleurons. Notre Louise a prouvé qu'elle pouvait avoir des enfants, et à vingt-trois ans, fraîche et bien portante comme elle l'est, il est probable qu'elle en aura d'autres. Vous ne serez pas surpris que notre cher roi lui fasse sentir, par la lettre dont je vous envoie copie d'abord, qu'il ne peut *seul* et par *lui-même* prendre une résolution de cette nature et de cette importance sans se concerter d'avance avec l'Angleterre et la France, et que nous ne pouvons consentir à laisser germaniser la Belgique ni à la laisser affubler d'une série d'agnats comme ceux du Luxembourg, qui nous ont déjà causé tant de d'embarras et de difficultés, ce que, mon cher prince, vous savez mieux que tout autre. Notre roi pense qu'il est utile et nécessaire que vous soyez au fait de cette affaire pour, si on y donne suite en Angleterre et que vous en entendiez parler, prévenir dans votre sagesse les dangers et difficultés qui en pourraient résulter pour la paix générale en les faisant envisager en Angleterre dans toute leur étendue. Nous nous en remettons pour cela à votre esprit si juste et à votre zèle pour le bien de la France; cet incident nous fait sentir encore plus profondément et amèrement la perte du fils de notre pauvre Louise. Heureusement, malgré sa grande douleur, sa santé se soutient bonne et nous avons l'espoir de la voir ici le mois prochain avec son mari; leur départ a été retardé par l'ouverture des Chambres belges qui a dû avoir lieu hier.

Je suis bien aise que vous ayez fait un petit voyage à la campagne; cela vous aura fait du bien. M. Dupin compte partir demain pour Londres et notre cher roi désire et sera charmé, comme vous me le mandez, que vous mettiez tous vos soins à lui rendre son séjour agréable. Je me hâte de finir pour que mon paquet puisse partir par l'estaffette et pour aller voir le prince Esterhazy qui est au salon avec notre roi.

C'est de tout cœur, mon cher prince, que je vous renouvelle l'expression de mes sentiments.

L.-A. D'O.

XXI

Copie de la lettre de S. M. le roi Louis-Philippe, envoyée par Madame Adélaïde à M. de Talleyrand.

A Sa Majesté le roi des Belges.

Paris, 22 mai 1834.

Mon très cher frère et excellent ami,

Je vous réponds séparément sur la partie importante de votre lettre du 19 que je viens de recevoir. Ce que vous me communiquez est d'une telle gravité, que je ne conçois pas que ce soit seulement pour que je ne l'apprenne pas par d'autres que vous m'en faites part. Des résolutions de cette nature doivent non seulement être concertées entre l'Angleterre et la France, mais vous ne pouvez pas les prendre sans notre concours et notre approbation. Ni l'acte qui vous appelle au trône, ni la constitution belge, ni les traités qui vous l'ont garanti ne confèrent ce droit. Il faut donc qu'avant d'aller plus loin dans cette *singulière* matière, vous en fassiez l'objet d'une négociation officielle de votre gouvernement avec les nôtres.

Je dis *singulière*, mon cher frère, parce qu'en vérité je ne conçois pas qu'à votre âge, avec une femme comme la vôtre, l'amertume de la perte que nous venons de faire, vous entraîne à vous persuader qu'il est *urgent* de pourvoir aux chances de votre succession, et d'affubler la Belgique d'une série d'agnats comme ceux du Luxembourg.

1° Je suis loin de croire qu'un tel acte fût une garantie pour la solidité de votre trône, et je serais plutôt porté à croire que la pensée en plairait à ceux qui ne la désirent pas, par suite de difficultés de tout genre qu'il pourrait lui susciter. Je ne crois point qu'il soit nécessaire pour rassurer la Belgique sur le danger du retour des Nassau ou de l'établissement de la république, car personne n'ignore que la France ne souffrira jamais ni l'un ni l'autre.

2° Personne n'ignore que ce que nous voulons, c'est l'indépendance réelle et *non nominale* de la Belgique ; que nous ne voulons nullement qu'elle dépende de nous, ni de l'Angleterre, ni de tous les deux, mais que nous voulons encore bien moins qu'elle dépende de la Prusse, de la Confédération germanique ou de l'Allemagne. Non seulement nous avons voulu que la Belgique fût indépendante, mais nous avons établi qu'elle serait perpétuellement *neutre* afin qu'elle ne pût pas être engagée dans de pareils liens. L'indépendance de la Belgique nous importe encore sous un autre rapport que vous connaissez bien, c'est que c'est la base, le lien de notre alliance avec l'Angleterre qui nous est si précieuse, et qui est la garantie de la paix et de l'ordre social ; nous résisterons donc à tout ce qui pourrait y porter atteinte, et à laisser *germaniser* la Belgique, soit en entrant dans la Confédératon germanique, soit en tombant dans la dépendance d'un des États qui la composent.

J'espère donc, mon cher frère, que vous allez arrêter le message de vos Chambres dont vous me parlez, et que vous ne donnerez aucune suite à ce projet avant d'en avoir entretenu les cabinets de Londres et de Paris, et d'avoir reçu leurs réponses.

Sur ce, mon cher frère, je vous embrasse de tout mon cœur et je repars pour Neuilly ; étant toujours, pour la vie,

Votre bon frère, et bien affectionné beau-père et fidèle ami.

LOUIS-PHILIPPE.

XXII

Madame Adélaïde au prince de Talleyrand.

Neuilly, 31 mai 1834.

Mon cher prince, vous êtes bien aimable d'avoir été d'une exactitude aussi parfaite à répondre à ma lettre du 23 et je vous en remercie beaucoup ; la vôtre du 26 nous a fait grand plaisir en nous assurant que vous voyez la chose entièrement comme nous, et que lord Grey et lord Durham sont aussi du même avis que nous à cet égard. Nous voyons, par ce que le roi Léopold écrit à notre cher roi, que ce qui lui est mandé jusqu'à présent par lord Palmerston ne le décourage pas de son projet. J'espère, d'après ce que vous m'écrivez, que les lettres subséquentes lui porteront d'autres conseils et que la chose pourra encore être arrêtée, mais il ne faut pas se dissimuler que, sans vos bons avis, il serait difficile et peut-être impossible de l'empêcher.

Vous avez jugé comme nous que l'effet en serait fâcheux, même pour le roi Léopold, mais vous savez qu'il arrive souvent qu'avec la meilleure volonté, on ne parvient pas à éclairer les gens sur leurs véritables intérêts.

Nous attendons toujours ici notre chère Louise et son mari le 8 juin au soir; ils doivent partir de Bruxelles le 7.

Je suis fâchée de la nouvelle petite crise ministérielle dans le cabinet anglais; j'attends avec impatience de savoir le résultat qu'elle aura et par qui seront remplacés les quatre ministres sortants. La nouvelle du rapprochement de don Carlos et de dom

Miguel des frontières d'Espagne ne me plaît pas non plus. Je suis charmée que la santé du roi d'Angleterre soit meilleure, mais je redoute pour lui la fatigue des revues, surtout dans cette saison.

Nous avons été on ne peut plus contents du prince Esterhazy et j'espère qu'il l'a aussi été de nous; son fils est fort gentil; nous avons dit bien du mal de vous avec le prince qui vous est sincèrement attaché; il est venu hier soir nous faire ses adieux ; il est resté à causer avec notre cher roi jusqu'à minuit passé; il part aujourd'hui pour Vienne, mais il espère revenir ici avec son fils au mois d'octobre pour y rester un peu plus longtemps que cette fois-ci, ce dont nous sommes fort aises.

C'est de tout mon cœur, mon cher prince, que je vous renouvelle l'expression de tous les sentiments que vous me connaissez depuis si longtemps pour vous.

A. D'O.

XXIII

Madame Adélaïde au prince de Talleyrand.

Tuileries, 12 juin 1834.

Mon cher prince, c'est bien à regret et contre ma volonté si je suis aussi en retard avec vous; pour commencer, j'ai été pendant trois jours dans mon lit très souffrante de rhume et de maux de tête; j'ai même fait effort pour me remettre à la vie ordinaire pour l'arrivée de notre chère Louise, dimanche dernier; depuis lors, jusqu'à aujourd'hui, je n'ai pas eu un instant; cette première entrevue, après son malheur, a été déchirante pour *tous ;* son pauvre père la tenait dans ses bras, pleurant à chaudes larmes; elle a une résignation, un courage admirables et je suis sûre que son séjour ici lui fera grand bien; sa santé est, du reste, heureusement très bonne, meilleure même que lorsqu'elle vint au mois de novembre.

Le roi Léopold est très bien et très aimable pour nous comme toujours; il ne m'a point parlé encore du projet de succession éventuelle de la Belgique et j'en suis fort aise, puisque grâce à Dieu il est abandonné et j'espère bien pour toujours; les lettres de notre cher roi ont produit l'effet que nous pouvions désirer et que vous en attendiez avec raison, mais les démarches que vous avez obtenues de lord Palmerston seront toujours très bonnes et très utiles; elles confirmeront dans le sage parti pris.

Les détails que vous me donnez sur le ministère anglais sont curieux et intéressants, mais ils m'affligent parce qu'ils prouvent que la chose n'est pas encore bien stable; je compte sur le bon effet qu'auront produit les excellentes nouvelles du Portugal, dont vous devez jouir doublement, car, certes, c'est le résultat de l'important traité que nous vous devons; aussi est-ce avec grand plaisir et grande reconnaissance que je m'en félicite avec vous, et je vous assure que notre cher roi l'apprécie à sa juste valeur et qu'il se glorifie de vous avoir choisi pour son ambassadeur; il est certain qu'il ne pouvait rien faire de mieux pour la France et par conséquent pour lui.

Je suis charmée que le prince Esterhazy ait été content de l'accueil que nous lui avons fait et de la bonne impression que lui a fait notre Clémentine; je serais enchantée s'il pouvait donner suite à l'excellente idée que lui a suggérée madame de Dino; c'est bien aimable à elle et je vous prie, mon cher prince, de l'en beaucoup remercier de ma part et de lui dire que j ai espoir au succès d'une chose qu'elle entreprend et qu'elle désire. Je vous avoue aussi que je serai bien curieuse de savoir ce que le prince Esterhazy lui répondra ; il ne pourrait certainement y avoir rien de mieux ni de plus convenable ; madame de Dino a toujours eu de la prédilection pour Clémentine ; elle le prouve en ce moment d'une manière dont je suis vraiment touchée et qui est bien bonne et aimable ; dites-le-lui bien, je vous en prie.

Nous sommes venus ici pour trois jours, d'après le désir du roi Léopold ; nous retournerons à Neuilly demain après dîner ; il part samedi par la route de Chantilly qu'il désirait voir ; nous le reconduisons jusque-là pour lui donner à dîner à Chantilly ; il nous laisse notre chère Louise qu'il viendra rechercher à la fin de ce mois-ci ; la vie paisible en famille à Neuilly sera la chose qui lui fera le plus de bien.

M. Dupin est enchanté de son voyage en Angleterre et du bon accueil qu'il y reçoit; je crois que ce voyage lui sera utile; il a écrit à notre cher roi se louant extrêmement de vos bontés pour lui.

Adieu, mon cher prince, c'est de tout mon cœur que je vous renouvelle l'expression des sentiments que vous me connaissez pour vous.

A. D'O.

P.-S. — Mon frère vient de me parler de l'idée qu'on avait eue à Madrid de faire une déclaration nouvelle sur le traité de la quadruple alliance. Selon lui, pour lui conserver sa force et son effet, il ne faut en rien dire, surtout dans le moment où son *efficacité* vient d'être rendue aussi évidente, et il faut s'abstenir de toute déclaration confirmative ou explicative, parce que tout acte de ce genre infirmerait au lieu de confirmer et que, de plus, on pourrait l'attribuer, soit au regret que l'affaire se soit arrangée sans qu'on ait eu besoin des troupes ou armées françaises, soit au désir de se préparer des prétextes pour les faire marcher plus tard.

Il me charge de vous dire qu'il en a causé hier dans ce sens avec lord Granville, qui a paru très satisfait des dispositions que notre cher roi lui a manifestées, ce qui était d'autant plus à propos, m'a dit le roi, qu'à Madrid l'affaire avait pris un faux pli et qu'il devenait plus difficile à chaque relais de parvenir à l'effacer.

Je reçois à l'instant votre lettre du 9; je ne puis y répondre pour ne pas manquer l'estafette; ce que vous me dites sur M. Dupin me fait grand plaisir; je vous remercie, mon cher prince, en hâte de cette bonne et intéressante lettre.

D'O.

XXIV

Madame Adélaïde au prince de Talleyrand.

Neuilly, 22 juin 1834.

Il est certain, mon cher prince, que le traité du 22 avril a eu presqu'immédiatement tous les résultats que nous pouvions en espérer et personne à juste titre ne doit en jouir plus que vous ; notre cher roi, qui n'en est pas moins satisfait, me charge de vous le redire encore, quoique je l'aie déjà fait dans ma lettre du 12 qui s'est croisée avec la vôtre.

Le séjour de don Carlos en Angleterre me

paraît fort peu important, surtout d'après toute sa conduite qui ne peut inspirer grande confiance à son parti, et j'avoue même que je l'aime mieux là qu'ailleurs, mais ce qui me passe, c'est le million que M. de Blacas a fait mettre à sa disposition; cela prouve qu'ils sont loin de manquer d'argent et, en même temps, l'aveuglement de toutes ces têtes, car ce ne peut être qu'une affaire de parti et assurément ce million placé de cette manière ne lui rapportera guère.

Dans ma manière de voir, je suis fâchée de ce que vous me dites sur le ministère anglais, car je voudrais le savoir bien consolidé ; j'ai confiance en lord Grey, grande estime pour son noble caractère et je désire vivement son succès.

Nos élections ici vont à merveille, et on n'a pas de doute que la grande majorité ne soit excellente ; c'est aujourd'hui que cela se décide et nous attendons le résultat sans inquiétude.

Notre cher roi a été fort aise de la bonne réception que vous avez faite à M. Dupin, comme président de la Chambre des députés et orateur distingué, et de celle qu'il a reçue en Angleterre ; je vous l'avais déjà mandé et il juge et voit la chose comme vous ; quant à *l'humeur* dont vous me parlez, je ne puis vous répondre n'ayant pas été à même de la remarquer, mais vous savez comme moi que ces sortes de petitesses ne se rencontrent que trop souvent même chez les gens qui ont le plus d'esprit.

J'espère que Pauline [1] est entièrement remise et que vous êtes maintenant content de sa santé ainsi que madame de Dino, auprès de laquelle je vous prie d'être mon interprète.

Pour moi, je ne puis sortir des rhumes ; depuis ma dernière lettre, j'ai encore été souffrante ; cela va mieux à présent et je fais

1. Mademoiselle de Périgord, fille de madame la duchesse de Dino, et depuis marquise de Castellane.

tout ce qu'il faut pour me tirer de cette ennuyeuse disposition ; heureusement mon bien-aimé frère, la reine et toute la famille se portent à merveille ; Louise a un visage excellent et, en vérité, elle commence à démaigrir ; le roi Léopold revient la prendre le 30 et j'espère qu'il restera encore huit ou dix jours avec nous.

Lundi 25.

Ma lettre n'ayant pu partir hier, mon cher prince, et ayant reçu hier soir la vôtre du 19, je viens tout de suite y répondre ; je suis tout à fait de votre avis sur l'article des *Débats* du 16, je le trouvais parfaitement mal à propos, mais il faut qu'on entende bien qu'il est impossible de faire taire les journaux ni de leur faire dire ce qu'on veut, et pas plus à celui des *Débats* qu'à un autre. Nous serons charmés de vous revoir quand vous en jugerez le moment opportun ; le roi s'en remet entièrement à vous pour cela et pour vous retrouver à Londres, ce qui serait bien essentiel, si la triste supposition que vous faites avait lieu. Il me charge de vous dire, pour votre gouverne, que vous pouvez compter qu'il sera ici jusqu'au 5 août, et encore qu'il est bien incertain qu'à cette époque il puisse entreprendre un voyage ; cela dépendra du moment de la convocation de la nouvelle Chambre qui n'est pas encore bien déterminé, et encore d'autres circonstances qu'il ne peut diriger et sur lesquelles il est encore dans l'incertitude ; mais bien certainement, jusqu'au 5 août, il ne fera aucune absence qui puisse compter ; d'ailleurs, mon cher prince, j'aurai soin de vous tenir au fait.

Nos élections sont excellentes et tout ce qu'on pouvait désirer ; à Paris, c'est une majorité superbe, et toutes dans le meilleur esprit et dans le meilleur sens ; c'est une grande chose qui nous assure une excellente Chambre, car la majorité des élections départementales connues jusqu'à présent est aussi très bonne.

Je vous écris en hâte, désirant ne pas manquer l'estafette et, pour cela, il faut que j'envoie tout de suite ma lettre à Paris.

C'est de tout cœur, mon cher prince, que je vous renouvelle l'expression de mes anciens et constants sentiments pour vous.

A. D'O.

XXV

Madame Adélaïde au prince de Talleyrand.

Neuilly, 30 juin 1834.

J'ignorais, mon cher prince, la nouvelle idée de mariage de la duchesse de Bragance pour la jeune reine de Portugal ; j'espère qu'elle ne réussira pas plus pour l'un que pour l'autre, car cela me paraît absolument la même chose, que ce soit le duc de Leuchtenberg ou son frère Max ; les inconvénients sont les mêmes.

Je ne sache pas qu'il y ait de projet de mutation dans notre corps diplomatique ;

j'ai parlé au roi du baron de Talleyrand, comme vous le désiriez ; il en a causé avec M. de Rigny sans faire grands progrès, mais il compte lui en reparler encore et je crois, mon cher prince, que, de votre côté, vous feriez bien, dans l'intérêt de ce pauvre baron, d'en écrire à M. de Rigny ; vous êtes bien sûr, j'espère, de la bonne volonté que nous mettons à tout ce qui peut vous être agréable.

Nous attendons aujourd'hui le roi Léopold, qui vient rechercher notre chère Louise qui est allée au-devant de lui ; il aura été content de sa mine, car elle est bien mieux qu'à son arrivée ici ; nous ignorons le temps qu'il restera.

Nous venons de voir une voiture à vapeur venant de Paris et remorquant deux omnibus chargés de monde ; elle a fait le tour de la cour et manœuvre très bien, mais n'allait pas trop vite et j'en étais bien aise ; cette machine à haute pression essayant ses mouvements devant le roi dans la cour de Neuilly me tourmentait un peu, je vous l'avoue, et j'ai été bien contente de la voir partir.

Il serait possible que nous fissions une petite course à Eu, mais ce ne serait jamais qu'une absence de trois à quatre jours pour y recevoir Louise et Léopold s'ils retournent en Belgique par là; si cela a lieu, je vous le manderai; je ne le saurai qu'après l'arrivée de Léopold. J'en reste là pour faire partir cette lettre par l'estafette de demain; aujourd'hui il est trop tard.

Recevez de nouveau, mon cher prince, l'expression de tous mes sentiments pour vous; il me tarde de savoir si madame de Dino a eu réponse du prince Esterhazy relativement à l'aimable ouverture qu'elle lui a faite.

A. D'O.

1er juillet.

Le roi Léopold est arrivé hier à six heures;

voici nos projets : Il part lundi prochain en faisant une petite tournée par Rouen et le Havre, et sera jeudi à Eu ; nous partirons mardi soir ou mercredi matin ; nous resterons avec Léopold et Louise à Eu, jeudi et vendredi de la semaine prochaine ; nous reviendrons ici samedi 12, et eux repartiront ce même jour pour la Belgique ; ce sera en tout, pour nous, une absence de trois jours.

XXVI

Madame Adélaïde au prince de Talleyrand.

Neuilly, 7 juillet 1834.

Mon cher prince,

Nous partons demain pour la ville d'Eu, et je veux avant cela vous mettre encore une fois au fait de nos mouvements, sachant que vous serez bien aise de les connaître ; nous serons à Eu mercredi matin, le roi et la reine des Belges y arriveront jeudi ; ils y resteront le vendredi et repartiront le samedi pour Bruxelles et nous pour revenir ici.

Notre cher roi a toujours le projet de faire son voyage dans le Midi après le 5 août, mais cela est subordonné : 1° au mariage de Naples ; savoir s'il se fera oui ou non, et dans l'incertitude complète où nous sommes encore sur ce point si intéressant pour nous, vous sentez que le roi ne peut faire de plan arrêté ; 2° si la Chambre se trouve en nombre et qu'elle veuille délibérer, ce sera encore un retard ; ce suspens est très désagréable, mais cela est ainsi ; aussitôt que nous saurons quelque chose de positif sur le premier point, je vous le manderai tout de suite ; si ce mariage peut avoir lieu, je crois que ce sera une bonne chose pour tous ; on dit beaucoup de bien du jeune homme ; vous jugez avec quelle impatience nous attendons de savoir ce qu'il en sera.

Notre chère Louise vient de nous quitter ; je suis en retard pour l'estafette et comme je ne veux pas la manquer, j'en reste là ; c'est de tout mon cœur que je vous renouvelle l'expression de tous mes sentiments pour vous.

A. D'O.

P.-S. — Dupin est venu avant-hier soir ici, enchanté de vos bontés pour lui et de son voyage qui, j'en suis persuadée, lui aura fait grand bien ; cela se fait déjà sentir dans sa conversation.

XXVII

Madame Adélaïde au prince de Talleyrand.

Neuilly, 15 juillet 1834.

Mon cher prince,

Quoique préparée par vos précédentes lettres à l'importante et triste nouvelle que vous me donnez dans celle du 9, elle ne m'en a pas moins fait de peine ; cela est bien grave et je regrette sincèrement et du fond du cœur lord Grey, qui a un de ces beaux et nobles caractères inspirant la confiance et la sécurité. Je suis bien aise que vous soyez à Londres; votre présence y est bien nécessaire en ce moment et je suis entièrement de votre avis sur la conduite à tenir, mais vous savez aussi qu'il n'y a pas de puissance humaine qui puisse empêcher les journaux de faire quelque article maladroit ni leur donner une autre direction que celle qu'ils veulent avoir; on ne peut pas non plus arrêter les sottes et ridicules dissertations de salon.

Nous attendons vos lettres et les nouvelles, comme vous pouvez le croire, avec une impatience extrême.

Nous sommes de retour du château d'Eu depuis avant-hier dans la matinée; notre voyage a été très bon, très agréable; nous avons eu un temps superbe et notre cher roi a été reçu sur toute la route d'une manière dont il m'est difficile de vous donner l'idée; tout ce que je puis vous dire, c'est qu'il nous a été impossible de fermer l'œil de toute la nuit en raison des cris continuels de : « Vive le roi ! » Des populations attendaient de pied ferme sur la grande route le passage du roi; dans les villages, les bonnes gens se mettaient en chemise à leurs fenêtres et sur leurs portes pour crier : « Vive le roi ! » Dans les villes, des illuminations et la garde nationale sous les armes! Mais ce qui nous a paru le plus charmant, c'est que dans un petit village chaque habitant tenait une chandelle dans chaque main, faute de lampions et chandeliers probablement, et voulant illuminer quand même. J'étais assez fatiguée en arrivant, ce qui m'a empêchée de vous écrire tout de suite, et hier je n'ai pas eu un instant, ayant été toute la journée à Paris avec notre cher roi, qui, le matin, a passé une revue et ensuite a fait la distribution des croix et des médailles aux industriels. Vous serez content du discours qu'il leur a fait et qui a eu un énorme succès parmi eux; après cela, nous avons eu un très grand dîner et nous ne sommes revenus ici qu'à onze heures et demie du soir. Je ne sais comment mon frère peut supporter autant de fatigue, et avec cela avoir tant d'à-propos dans tout ce qu'il dit et fait. Il se porte très bien sans pourtant jamais songer à avoir soin de lui-même.

Nous avons de très bonnes nouvelles de Louise depuis son départ d'Eu; nous sommes toujours dans l'attente de celles de Naples, ce qui nous laisse dans une incertitude qui nous contrarie fort.

Il me tarde de savoir par vous si le bruit qui s'établit de l'arrivée de don Carlos en Espagne a quelque fondement; en attendant, cela a considérablement fait baisser les fonds d'Espagne hier à la Bourse. Ce serait une complication de plus que je regarderais comme bien fâcheuse, et voilà le choléra à Madrid; quel malheureux pays! Il faut convenir que les sujets d'anxiété ne nous manquent pas en ce moment; heureusement, grâce à la sagesse et à l'intelligence de mon bien-aimé frère et aussi, il faut en vérité le dire, au bon jugement de la majorité des Français, nous sommes, en France, dans une très bonne position comme j'aime à vous l'entendre dire, à vous qui avez si bien secondé notre cher roi pour arriver à la situation conquise en Angleterre, la plus avantageuse, la plus essentielle de toutes; croyez bien que nous sentons ce que nous vous devons, ce que le pays vous doit.

Il faut que j'en finisse pour ne pas manquer l'estafette. C'est de tout mon cœur, mon cher prince, que je vous renouvelle l'expression de tous mes sentiments.

A. D'O.

XXVIII

Madame Adélaïde au prince de Talleyrand.

Neuilly, 16 juillet 1834.

Je reçois à l'instant votre intéressante lettre du 14; je vous en remercie de tout mon cœur, mon cher prince, et je suis touchée de votre aimable empressement à me donner les nouvelles. Pauvre lord Grey! je le regrette de plus en plus, et je suis peinée des causes de son départ.

Je n'aime point à vous voir triste et cela me tourmente; je vous ai écrit hier une longue lettre et je n'ai que l'instant de vous adresser ce peu de lignes aujourd'hui.

Recevez de nouveau, mon cher prince, l'expression de tous les sentiments que vous me connaissez pour vous.

A. D'O.

XXIX

Madame Adélaïde au prince de Talleyrand.

Neuilly, 18 juillet 1834.

Nous venons aussi d'avoir notre crise ministérielle. Le maréchal Soult, n'étant plus en harmonie avec ses collègues, a donné sa démission au roi ; c'est le brave et bon maréchal Gérard qui le remplace dans les deux fonctions de président du conseil et de ministre de la guerre ; il réunira l'unanimité du ministère qui reste le même, et de plus Dupin, ayant su que le maréchal Gérard avait quelque peine à se décider d'accepter, est venu lui dire qu'il lui promettait secours et soutien à la Chambre ; qu'il pouvait compter sur lui, ce qui est une bonne et importante chose.

La présence de don Carlos en Espagne paraît maintenant certaine ; j'en suis bien fâchée. Je me hâte de vous informer du changement qui a eu lieu dans notre ministère pour que vous soyez le premier à le savoir à Londres, ce qui est juste et convenable ; celui qui vient de se former à Londres satisfait beaucoup ici par l'assurance qu'il donne que ce sera le même système que celui de lord Grey. Nous ne savons toujours rien de Naples ni de Palerme, ce que je ne puis comprendre et ce qui, je vous l'avoue, me tourmente.

Il me tarde d'avoir une nouvelle lettre de vous, mon cher prince ; en attendant, c'est de tout mon cœur que je vous renouvelle l'expression de mes constants sentiments pour vous.

A. D'O.

XXX

Madame Adélaïde au prince de Talleyrand.

Neuilly, 25 juillet 1834.

Mon cher prince, je suis enchantée que ce que vous désiriez pour le baron de Talleyrand soit fait, et bien touchée de ce que vous me mandez de si aimable là-dessus ; c'est avec grand plaisir que je me suis acquittée du message que vous me donniez pour notre cher roi, qui est toujours heureux de pouvoir faire quelque chose qui vous soit agréable et qui vous prouve ses sentiments pour vous ; il me charge de vous le dire.

Nous serons charmés de vous avoir ici et de pouvoir causer avec vous quand vous jugerez que vous pouvez vous absenter de Londres sans inconvénients ; ce sera bientôt peut-être, mais nous sommes heureux que vous y soyez dans les circonstances actuelles.

Il paraît, d'après les nouvelles que nous avons ici d'Espagne, que l'arrivée de don Carlos n'y a pas produit l'effet que l'on pouvait craindre. Si, dans un autre temps, vos conseils avaient été suivis, ils auraient épargné de grands malheurs à la France. Du moins aujourd'hui, ils sont appréciés, et loin de nous retrouver en face de ces passions de guerre et de conquête qui les firent repousser, vous serez écouté et secondé pour préserver la France de tous les maux que pourraient lui causer de nouvelles fautes envers l'Espagne. Nous serons bientôt à portée de juger les effets de l'arrivée de don Carlos. Je vous tiendrai au courant de tout ce que nous apprendrons ; malheureusement il est impossible de transmettre par lettre tout ce qui s'expliquerait si facilement dans une conversation de quelques instants. Je regrette vivement que vous ne puissiez en ce moment avoir un entretien avec notre cher roi ; il me charge de vous dire qu'il le regrette aussi, et combien il attacherait de prix à vous entendre. Mais votre présence à Londres est trop nécessaire pour ne pas attendre encore, ainsi que vous le dites si justement.

L'affaire de Palerme ne marche pas comme je le voudrais ; c'est intrigue sur intrigue et je crains parfois que le retard des réponses et les difficultés qu'on a vraiment l'air de faire naître soient des prétextes pour éluder et ne pas conclure ; aussi, sommes-nous bien décidés, maintenant que nous nous sommes expliqués très franchement et noblement sur tous les arrangements, à les voir venir et à ne plus faire d'avances. S'ils ne veulent plus la chose, on en restera là, mais en leur laissant la possibilité de revenir s'ils le désirent. Ils feront alors de nouvelles démarches, et je crois que, dans tous les cas, c'est le meilleur parti à prendre. Vous pouvez être certain que je vous dirai tout ce qui en sera ; nous attendons encore des lettres; ce n'est pas rompu, mais je n'aime pas la tournure que cela prend.

Je regrette toujours lord Grey ; son caractère est si loyal, si noble ! Sa sortie du ministère est un grand malheur.

Je suis ravie que vous ayez été aussi content du discours de notre cher roi et de ce que vous me dites du bon effet qu'il a produit en Angleterre; ce que je puis vous assurer, c'est qu'il était entièrement improvisé, car il n'avait pas eu le temps d'en écrire une ligne, ni même d'y penser, et il nous disait le regretter au moment même d'entrer dans la salle. Pour moi, je crois que, préparé, il eût été beaucoup moins bien qu'improvisé sous l'inspiration du moment.

Nous retournons demain nous établir aux Tuileries pour les fêtes et la Chambre ; nos projets ultérieurs dépendent de la durée de la Chambre et de l'affaire de Palerme, mais, quant à celle-là, j'ai grand'peur qu'elle ne soit remise indéfiniment ; je serais bien heureuse si je me trompais ; en attendant, je crois que ce sont les autres qui nous trompent.

Recevez de nouveau, mon cher prince, l'expression de mes anciens et constants sentiments.

A. D'O.

P.-S. — On croit généralement que la Chambre sera une affaire de quinze jours à trois semaines.

XXXI

Madame Adélaïde au prince de Talleyrand.

Neuilly, 25 juillet 1834[1].

Notre cher roi, à qui j'ai lu ma lettre et qui l'approuve complètement, veut que je vous dise quel est son langage sur l'affaire de l'Espagne. Il donnera tout l'appui moral dont il peut disposer pour soutenir la couronne sur la tête de la jeune reine et donner force et consistance à son gouvernement. Il croit que cet appui moral sera plus effi-

1 Cette deuxième lettre du 25 juillet 1834 est la continuation de la précédente.

cace qu'une intervention armée; il fera donc tous ses efforts pour être dispensé de toute intervention de ce genre, mais il a trop l'expérience des vicissitudes humaines pour s'engager à ce qu'elle n'ait jamais lieu; il veut, au contraire, qu'on sache qu'il sera toujours prêt, quoiqu'il puisse lui en coûter, à prendre les mesures hardies que les circonstances lui paraîtraient exiger dans l'intérêt de la France, seul mobile de sa conduite et de sa pensée.

Le roi me charge en outre de vous dire qu'il sait qu'il y a des gens qui croient qu'avec un corps de dix, douze ou quinze mille hommes tout au plus de troupes françaises, on pourrait enlever don Carlos et le transporter en France, en repliant aussitôt toutes ses troupes sur notre territoire. Le roi ne croit point au succès d'une telle tentative si elle était faite : rien ne serait plus difficile que de cerner don Carlos dans les montagnes, de le poursuivre et de l'attraper. Mais le roi croit aussi que, même en réussissant, le nom de don Carlos *enlevé par les Français* serait plus formidable que sa présence, qui deviendra une source d'embarras continuels pour ses partisans et particulièrement pour ceux qui auront à le garder. Il dit que cet enlèvement serait assimilé en Espagne à celui de Ferdinand VII par Napoléon et serait de même plus avantageux que nuisible à sa cause.

Tandis que si, par l'effet de l'action espagnole, la puissance de don Carlos se trouve amoindrie et que ce soit parce que l'Espagne ne veut pas de lui qu'il se trouve rejeté sur le territoire français, sa cause sera perdue, et alors on pourra prendre envers lui sans inconvénient les mesures de sûreté qui préserveraient l'Espagne des dangers auxquels son retour pourrait l'exposer plus tard. Voilà, mon cher prince, une des pensées que le roi confie à votre discrétion; il sait que vous n'en ferez que bon usage et regrette bien de ne pas vous entendre et de ne pouvoir pas vous communiquer toutes ses opinions sur cette question si grave et si compliquée.

Il vous prie d'ailleurs de ne pas perdre de vue, à tout hasard, que toute intervention de la France en Espagne devant nécessairement l'affaiblir sur le Rhin et sur les Alpes, serait *désirée* et *non redoutée* par les puissances du Nord, et que, par conséquent, comme elle pourrait décider la guerre de leur part, jamais la France ne saurait s'y embarquer si l'Angleterre ne s'était pas liée, par une alliance, à faire cause commune avec elle. Tout ceci, mon cher prince, sous le sceau du plus grand secret.

Donnez-moi de vos nouvelles le plus tôt possible; il me tarde de savoir cette lettre entre vos mains.

A. D'O.

XXXII

Madame Adélaïde au prince de Talleyrand.

Tuileries, 29 juillet 1834.

Mon cher prince, la revue d'hier s'est passée d'une manière admirable; on était assourdi d'une façon très agréable par les cris de « Vive le roi ! » de la garde nationale, qui n'avait jamais été aussi nombreuse et qui devient vraiment superbe, de la troupe de ligne et de la population tout entière. C'était des transports pour notre cher roi; cela fera certainement effet au dedans et au dehors, et je m'empresse de vous le mander, sachant que personne n'en jouira plus que vous ; je vous envoie les discours du roi sur papier vélin pour vous et pour madame de Dino, pensant qu'elle sera sans doute bien aise de les avoir aussi.

Don Carlos se rapproche toujours de notre frontière et Rodil serre de près l'armée des insurgés ; on s'attendait à une affaire, mais le roi vient de recevoir à l'instant une dépêche télégraphique annonçant qu'un courrier expédié de Madrid le 24 au soir a passé à Bayonne se rendant ici, et que la régente Christine a fait l'ouverture des Cortès le 24 ; que tout est parfaitement tranquille à Madrid et que le choléra diminue beaucoup ; j'espère, d'après tout cet ensemble de nouvelles, que don Carlos échouera entièrement dans sa folle entreprise, et, si nous avons le bonheur qu'il en soit ainsi, sa cause sera perdue.

Je me décide à vous envoyer cette lettre par l'estafette et, pour ne pas faire un si gros paquet, j'adresse les discours par les affaires étrangères. Je n'ai que le temps de fermer après vous avoir renouvelé, mon cher prince, l'expression de tous mes sentiments.

A. D'O.

XXXIII

Le prince de Talleyrand à la comtesse de Jersey.

Londres, le 30 juillet 1834.

Je ne forme point de projets ; il m'est impossible de savoir et de vous dire ce que je ferai dans vingt-quatre heures. Je ne m'attendais plus à dépendre des fantaisies du roi de Hollande, et encore, autant que je m'en souvienne, quand on a des fantaisies, elles ont un but : ici on n'en a point. Les choses sont menées à un point qu'il faut céder ; personne ne veut tirer un coup de fusil pour la cause hollandaise, partout on veut la paix et on a raison.

Voici ce que je voudrais faire : partir d'ici pour Paris dans huit jours pour y rester le temps de regarder dans mes affaires qui, aujourd'hui, n'ont plus de chef. Depuis quatre mois elles sont à l'abandon, et c'est trop long. Mes affaires arrangées tant bien que mal à Paris, j'irais à Valençay ou à Rochecotte ; si vous venez de ces côtés, demandez où nous sommes ; venez-y et vous me ferez un extrême plaisir. Je voudrais que vous vous trouvassiez bien et que vous nous restassiez longtemps. Je ne sais comment est Valençay ; depuis quatre ans je n'y ai pas été ; la maison sera peut-être dans un état déplorable ; vous aurez la bonté de vous en accommoder comme cela. Faites mes amitiés à lord Jersey ; je lui ferai tirer quelques chevreuils.

Adieu, mille tendres hommages.

TALLEYRAND.

XXXIV

Madame Adélaïde au prince de Talleyrand.

Tuileries, 31 juillet 1834.

Mon cher prince, je m'empresse de vous dire, en rentrant de la séance royale, qu'elle s'est passée à merveille ; que notre cher roi a été reçu par toute la Chambre comme il le mérite ; que son discours, que je joins ici, a eu le plus grand succès, et que je suis très satisfaite de la journée.

Je vous remercie bien de votre lettre du 29, que je viens de recevoir, et enchantée du jugement que vous portez sur les vues

9.

de mon frère, cela me donne la certitude qu'elles sont selon l'intérêt de la France.

Ce matin on a su, par dépêche télégraphique, qu'il y a eu engagement le 25 entre les troupes de la reine et les insurgés repoussés vers nos frontières; don Carlos se rapproche de nous; on ne sait rien de nouveau jusqu'à ce moment sur Rodil; il faut que je ferme mon paquet; j'ai peur de manquer l'estafette.

C'est de tout mon cœur, mon cher prince, que je vous renouvelle l'expression de mes sentiments.

A. D'O.

XXXV

Madame Adélaïde au prince de Talleyrand.

Tuileries, 5 août 1834.

Mon cher prince, quoique je sache que M. de Rigny vous a écrit hier, sur-le-champ, les bonnes nouvelles d'Espagne, je veux encore avoir le plaisir de vous dire que nous en avons reçu ce matin la confirmation par le général Harispe. Rodil a battu les insurgés sur toutes leurs lignes; don Carlos est dans une très mauvaise position; ses hommes manquent de vivres, puis on dit *qu'il n'aime pas le feu*, ce qui n'augmentera pas le nombre de ses partisans. Je m'attends à apprendre d'un instant à l'autre qu'il est en France.

Je n'ai que l'instant de fermer, et de vous renouveler, mon cher prince, l'expression de mes sentiments.

A. D'O.

XXXVI

Madame Adélaïde au prince de Talleyrand.

Tuileries, 17 août 1834.

Mon cher prince, je vous remercie beaucoup de votre aimable empressement à m'envoyer le discours du roi d'Angleterre, dont nous sommes très contents ici, d'autant plus que sa phrase sur ses relations extérieures est exactement la même que celle du discours de notre cher roi à l'ouverture de la Chambre. Je vous envoie le *Moniteur* de ce matin, qui contient sa réponse d'hier à l'adresse des députés. Je pense que vous en serez content; surtout en relisant l'adresse auparavant, vous verrez qu'on ne pouvait y répondre avec plus de tact. Il y a eu des cris de « Vive le roi ! » qui retentissaient jusqu'à l'extrémité du palais; nous les entendions avec une vive satisfaction ; le récit que fait sur cela le *Moniteur* est de la plus exacte vérité.

Je suis bien fâchée des difficultés qui s'élèvent en Angleterre et du dernier vote de la Chambre haute; c'est très sérieux, mais je vois avec plaisir que vous trouvez de plus en plus que notre cher roi juge bien la position; en effet, les résultats depuis quatre ans lui donnent raison, et j'ai la consolation de voir que cela est maintenant généralement senti en France. Il me charge de vous dire qu'il se pourrait que dom Pedro ne se souciât pas d'envoyer de ses troupes en Espagne, et il vous engage à penser à cette chance.

Je me flatte que votre incommodité n'aura

pas de suites, non plus que celle de madame de Dino, et que rien ne vous empêchera, suivant votre projet, de vous mettre incessamment en route; je le désire d'autant plus qu'il est encore question de voyage pour le roi, et que, s'il en fait un (ce qui est cependant encore incertain), ce serait vers le 26 de ce mois. D'après ce que vous me mandez, je compte bien que vous serez ici avant cette époque, et mon frère s'arrangera toujours de manière à vous voir avant son départ, car, avant tout, il veut s'entretenir avec vous.

La cholérine est aussi la maladie à la mode ici, mais heureusement sans aucune suite fâcheuse; je crois que cela tient à l'excessive chaleur. Rien de nouveau sur don Carlos qui, d'après toutes les nouvelles, paraît être dans une bien fâcheuse position.

Au revoir, à bientôt, mon cher prince; cette pensée et celle de pouvoir causer tout à mon aise avec vous me fait grand plaisir; en attendant, c'est de tout mon cœur que je vous renouvelle l'expression de tous mes sentiments pour vous.

A. D'O.

XXXVII

Madame Adélaïde au prince de Talleyrand.

Saint-Cloud, mardi 2 septembre.

Je joins ici, mon cher prince, le précis de Philippe Dupin sur mon affaire; je serais bien aise que vous y jetiez un coup d'œil.

Je vous souhaite un bon, un excellent voyage et tout ce qui peut contribuer à votre bonne santé et à votre satisfaction; je vous demande de nouveau de m'écrire, de me donner de vos nouvelles.

Vous devez avoir, depuis hier, les petits bustes de notre cher roi.

A. D'O.

XXXVIII

Madame Adélaïde au prince de Talleyrand.

Saint-Cloud, 7 septembre 1834.

Mon cher prince, vous vous rappelez sûrement la discussion qui a eu lieu dans mon cabinet sur le ridicule, l'inutilité et le danger de faire une déclaration de guerre à don Carlos. Il paraît néanmoins qu'on veut remettre cette question sur le tapis. Vous l'avez, en ma présence, traitée d'une manière si lucide et si convaincante, qu'on pouvait espérer qu'on ne s'en occuperait pas davantage. Néanmoins, je crois utile de vous avertir qu'il faut y prendre garde, et que vous ferez bien de faire sentir en Angleterre l'inutilité et le danger de cette fausse démarche, qui ne peut conduire qu'à du mal et à rien de bon.

Il paraît qu'on est embarrassé en Angleterre de la promesse de fournir une force navale à l'Espagne et que, pour s'en tirer, on a songé à cette absurdité. Je crois donc que vous feriez bien d'écrire tout de suite sur cela à Londres; j'y tiens beaucoup parce que personne ne peut le faire aussi bien et d'une manière aussi efficace que vous, mon cher prince, et que tout ce qui concerne l'Angleterre se relie à votre grande œuvre.

Je vous remercie beaucoup de votre bon petit billet au moment de votre départ; il me tarde bien d'avoir des nouvelles de votre voyage et de savoir comment vous vous trouvez à Valençay; le roi s'est déjà occupé de son portrait en pied pour votre salon: j'ai la boîte avec celui du duc de

Biron, que je garde soigneusement pour vous jusqu'à ce que vous m'écriviez ce que vous voulez que j'en fasse; le roi en a fait l'usage qu'il désirait et vous remercie beaucoup.

J'écris en hâte pour ne pas manquer la poste, qui part plus tôt le dimanche. Mille choses de ma part à madame de Dino, je vous prie.

C'est de tout cœur, mon cher prince, que je vous renouvelle l'expression des sentiments que vous connaissez depuis si longtemps.

A. D'O.

XXXIX

Le prince de Talleyrand au comte Mollien.

Valençay, 15 septembre 1834.

Vous êtes plus que personne fait pour sentir ce que c'est que la perte d'une amie d'une douceur inaltérable, d'une indépendance entière et d'un dévouement complet. Jusqu'au dernier jour de ma vie, je la regretterai. Vous sentez ce qu'il faut dire à un homme profondément malheureux; je vous remercie de votre lettre. Vous avez bien du cœur, mon cher Mollien. Mes hommages, je vous prie, à madame Mollien. Madame de Dino vous remercie de votre doux et bon souvenir.

TALLEYRAND.

P.-S. — Je reçois une lettre de Bertin de Vaux, qui se recommande à vous personnellement et à votre influence à Étampes pour l'élection de Versailles.

XL

Madame Adélaïde au prince de Talleyrand.

Saint-Cloud, 17 septembre 1834.

Mon cher prince, je vous remercie beaucoup de l'exactitude très aimable avec laquelle vous avez répondu à ma dernière lettre, mais en vous demandant d'écrire en Angleterre je n'entendais parler que de M. de Bacourt, afin qu'il soit de plus en plus pénétré de votre manière de voir et qu'il agisse dans cette importante affaire d'après vos lumières et vos sages conseils;

c'est là seulement ce que je désirais et ce que je désire encore.

Notre voyage à Compiègne a été très heureux et des plus satisfaisants et, comme toujours, la présence de notre cher roi a fait grand bien partout où il a été ; l'armée et toutes les populations l'ont admirablement bien reçu. Je pars demain de bon matin pour Randan ; je serai de retour ici le 25 au soir, et là j'aurai tant à faire qu'il ne me restera pas un instant pour écrire ; c'est pourquoi, malgré le peu de temps que j'ai à moi, je tiens à vous adresser ce petit mot avant de partir, et je veux encore remercier madame de Dino de m'avoir donné des détails sur votre santé et de sa très aimable lettre.

C'est de tout mon cœur, mon cher prince, que je vous renouvelle l'expression de mes constants sentiments.

A. D'O.

XLI

Le prince de Talleyrand
à la duchesse de Bauffremont.

Valençay, 18 septembre 1834.

Je ne sais quand M. le duc d'Orléans vient à Valençay ; je sais seulement qu'il a la bonté de vouloir y venir dans le mois d'octobre. Il a des revues à faire, des voyages de Compiègne, de Fontainebleau, etc., qui lui prennent du temps.

La saison est très belle ; notre bois n'est pas brûlé par le soleil, qui est terriblement chaud. Aussi faisons-nous de grandes et

10

belles promenades. Je suis sûr que vous vous seriez tout à fait rétablie ici, car l'air y est excellent ; il est léger sans être trop vif. La duchesse de Montmorency arrive ici samedi.

Adieu, je vous aime et je vous embrasse.

TALLEYRAND.

XLII

Madame Adélaïde au prince de Talleyrand.

Saint-Cloud, 10 octobre 1834.

C'est bien à regret que j'ai été aussi longtemps sans vous répondre, mais j'ai mené une vie si active que, malgré tout mon désir, il n'y a pas eu moyen de trouver un instant pour le faire, car, à peine revenue de mon voyage de Randan dont j'ai été parfaitement satisfaite sous tous les rapports, je suis partie avec notre cher roi, la reine et toute la famille, pour Fontainebleau, où, à la lettre, je n'ai pas eu une minute de libre. Notre voyage a été superbe et a produit tout l'effet que nous pouvions désirer, au delà même de ce que nous attendions; les articles de la *Quotidienne* en sont un des meilleurs témoignages, et sont curieux à lire. Notre cher roi se portait à merveille, mais la veille de notre départ, après avoir fait une très grande tournée dans le château, il est descendu dans des souterrains humides où il s'est enrhumé, et ce qui a complété son refroidissement, c'est que le lendemain, en revenant ici, il a trouvé à Berny toute la garde nationale des environs sous les armes; il est descendu de voiture pour la passer en revue; il a parlé haut, et a eu froid; il faisait un vent terrible et il a avalé de la poussière, tout cela à dix heures du soir; son rhume étant hier beaucoup plus fort, nous l'avons engagé à garder sa chambre; il n'a point eu de fièvre, et il est si bien aujourd'hui qu'il compte aller demain à Paris. Le *Journal des Débats* de ce matin parle d'une fâcheuse fantaisie qu'à eue son cheval au moment où il allait en descendre; étant arrêté, il parlait à des élèves du collège qui lui demandaient un congé quand cette bête, que cela ennuyait probablement, se coucha à terre; mais le roi, sentant le mouvement, se dégagea le plus lestement possible; il n'a eu qu'une légère contusion au genou dont il se ressent à peine aujourd'hui. Heureusement pour nous, c'est lui qui, en remontant en voiture, nous a raconté cela en riant. Nous n'avions rien vu ni rien su, mais la pensée de ce qui pouvait en résulter fait frémir. Ce pauvre Chartres, qui en avait été témoin, en était encore tout bouleversé; il est venu avec nous jusqu'à Épone, puis est retourné à Compiègne, qu'il doit quitter tout à fait après-demain. Son projet est toujours de vous faire une visite à Valençay dans le courant de ce mois, mais j'en ignore encore l'époque juste. La reine va partir pour la Belgique mardi prochain avec ses deux filles pour être de retour à Paris le 25 de ce mois-ci, époque à laquelle nous espérons que notre petit marin nous reviendra ; nous avons eu de très bonnes nouvelles de lui à son passage à Madère.

Maintenant, il faut que je vous remercie de tout mon cœur de tout ce que vous me dites de si bon, si aimable sur mon voyage de Randan et sur votre désir d'y venir qui me va droit au cœur ; croyez bien que le mien n'est pas moindre et que c'est un trop doux et agréable projet pour moi pour ne pas tout faire de mon côté pour le mettre à exécution.

On dit que la jeune reine de Portugal a, depuis la mort de dom Pedro, déclaré qu'elle ne voulait pas épouser le duc de Leuchtenberg, disant qu'elle l'aime beaucoup comme frère de la duchesse de Bragance, sa mère, mais qu'elle ne fera pas de son oncle son époux. Elle rappellerait, paraît-il auprès d'elle, madame de Camera qui s'est toujours montrée très opposée à ce projet, mais c'est un simple *on-dit*. Je voudrais pour cette jeune reine que cela fût vrai; cela lui ferait beaucoup d'honneur et serait une bonne chose.

Vous avez bien raison de ne pas douter que notre cher roi persévère dans sa sage et habile conduite, qui est de plus en plus confirmée par les bons résultats qu'elle a, et la justice qui lui est généralement rendue. Il a lu avec un grand intérêt vos réflexions si justes, et vous savez combien, sur toutes choses, il les apprécie.

Je suis bien mécontente de ce que vous me dites de vos jambes; je veux espérer que le remède que vous faites fera plus d'effet à la longue, et je crois que d'être souvent et le plus longtemps possible à l'air vous redonnera des forces. Il faut que j'en finisse de mon griffonnage pour qu'il parte par la poste.

Je vous renouvelle de tout mon cœur,

mon cher prince, l'expression de mes constants sentiments pour vous.

A. D'O.

P.-S. — J'espère que madame de Dino est plus contente de sa santé; je vous demande d'être mon interprète auprès d'elle.

XLIII

Madame Adélaïde au prince de Talleyrand.

Tuileries, 17 octobre 1834.

C'est avec empressement, mon cher prince, que je viens vous remercier de votre lettre du 14, qui m'est parvenue à Saint-Cloud, hier, au moment de mon départ pour revenir ici.

Notre cher roi se porte à merveille, comme nous pouvons le désirer. La copie de la lettre à madame de Dino nous a fait grand plaisir, et c'est une bien bonne et aimable idée de sa part d'avoir transcrit ce passage dans sa lettre à la reine d'Angleterre.

J'ai lu à mon neveu ce que vous m'écrivez relativement à son voyage à Valençay. La reine lui ayant demandé de rester ici jusqu'à son retour, qui a lieu le 25, il compte partir le 26, mais je vous donne cela sous le secret, parce qu'il désire qu'on ne le sache pas, ne voulant pas d'*honneurs* sur la route et ne comptant s'arrêter nulle part afin d'arriver le plus vite possible chez vous, dans ce beau château de Valençay qui, je sais cela, n'a pas besoin d'indulgence pour être trouvé tel, malgré toutes vos craintes bien aimables assurément, mais que nous ne partageons pas, car nous sommes sûrs d'avance de tout le charme et l'agrément qu'il trouvera dans la société et le séjour de Valençay ; mais, en confiance, et de vous à moi, je vous demanderai d'empêcher notre jeune homme de faire trop d'exercice, surtout à cheval ; il est revenu un peu fatigué du camp de Compiègne et il faut qu'il se ménage et ne fasse qu'un exercice modéré, jusqu'à ce qu'il soit entièrement remis de cette fatigue.

J'ai vu lady Clanricarde avec sa mère et son père, M. Catling, ici, il y a quelques années ; nous serons charmés de la revoir et de la bien soigner cet hiver.

Je me hâte de finir, mon cher prince, pour ne pas manquer la poste, présumant que vous serez bien aise de recevoir ma lettre le plus tôt possible; nous avons de bonnes nouvelles de nos reines mère et fille; c'est de tout mon cœur que je vous renouvelle l'expression de tous mes sentiments.

A. D'O.

P.-S. — J'oubliais de vous dire que j'ai été très enrhumée il y a quelques jours, mais je suis bien maintenant.

XLIV

Le prince de Talleyrand
à la duchesse de Bauffremont.

Valençay, 20 octobre 1834.

Décidément, M. le duc d'Orléans arrive ici le 26. Nous avons quelques Anglaises qui aiment la campagne et auxquelles je donne beaucoup de moyens de mener la vie du dehors, que l'on préfère en Angleterre aux goûts casaniers de toutes nos Françaises. Notre voisinage est assez bien enrichi de quelques propriétaires qui viendront ici tour à tour, et qui seraient dans tous les pays des personnes de bonne compagnie. Lundi nous attendons le baron de Montmorency; je ne sais pas encore quel jour nous arrivera le duc; il s'annonce pour la semaine prochaine. Lady Clanricarde, qui est ici, est fort aimable; c'est une personne distinguée. M. et madame Dawson Damer ont du mouvement et en donnent.

Savez-vous quelque chose de mon pauvre frère depuis qu'il est à Saint-Germain?

Adieu, chère amie; je vous aime, vous regrette et vous embrasse tendrement.

TALLEYRAND.

XLV

Le prince de Talleyrand
à la duchesse de Bauffremont.

Valençay, 26 octobre 1834.

M. le duc d'Orléans est arrivé aujourd'hui avant quatre heures; il a trouvé la route superbe et il n'est pas fatigué. Vous trouverez dans ce que je dis là de nos routes un petit reproche qui vous est adressé, car vous devriez être ici. Le temps n'est pas trop laid ; demain nous essayerons des promenades. La maison est pleine; il n'y a de vacante que la chambre de votre fils Alphonse. Le baron de Montmorency est ici avec madame de Sainte-Aldegonde, M. d'Harcourt, M. de Sercey et trois à quatre jeunes gens avec lesquels Alphonse aurait couru dans nos bois. Jusqu'à présent, nous sommes assez bien ou plutôt assez convenablement arrangés.

Adieu, je n'ai que le temps de vous écrire un mot.

TALLEYRAND.

XLVI

Madame Adélaïde au prince de Talleyrand.

Tuileries, 28 octobre 1834.

Vous êtes bien aimable, mon cher prince, de m'avoir donné, aussitôt après son arrivée, des nouvelles de notre cher voyageur; j'en suis vivement touchée et je vous en remercie de tout mon cœur. Ces bonnes nouvelles ont fait plaisir au roi, à la reine, qui est arrivée hier à quatre heures avec mes nièces et Joinville, *tous* en parfaite santé et ayant laissé Louise à merveille; elle avance très heureusement dans sa grossesse, que cependant on n'annonce pas encore.

C'est vraiment bien bon à vous, malgré le peu de temps que vous aviez de libre, d'avoir trouvé celui de m'écrire ce bon petit billet.

Je suis sûre d'avance de tout le charme et l'agrément que Chartres trouve à Valençay et que vous avez prévu tout ce qui peut lui être agréable.

Je compte sur vos bons soins pour l'empêcher de se fatiguer par trop d'exercice à cheval.

Je suis de nouveau tourmentée et bien affligée de l'état de notre ministère et de la crainte que notre cher roi ne se retrouve de nouveau dans les embarras que lui causent toujours ces chicanes-là. Enfin, il n'y a encore rien de fait ou plutôt de *défait*, mais tout cela me tracasse néanmoins, et je suis sûre de la part que vous y prendrez quand vous connaîtrez cette nouvelle crise, et de votre satisfaction quand nous en serons sortis.

En attendant, c'est de tout mon cœur, mon cher prince, que je vous renouvelle l'expression de tous mes sentiments.

A. D'O.

XLVII

Le prince de Talleyrand
à la duchesse de Bauffremont.

Valençay, 30 octobre 1834.

Notre temps s'est très bien passé; d'abord, il n'a pas plu, ce qui était notre première affaire, et puis, la distribution en a été bien faite. M. le duc d'Orléans a été parfaitement aimable; il a eu l'air de se plaire dans notre vie champêtre. Il est parti cette nuit se portant bien. Mes jambes ont un peu souffert, mais il faut vivre avec ses maux. J'ai beaucoup regretté Alphonse. Je crois qu'il se serait amusé, parce qu'on a fait de belles promenades et qu'il y a eu de bonnes conversations, et tout cela lui plaît et lui convient.

Adieu, chère amie.

TALLEYRAND.

XLVIII

Madame Adélaïde au prince de Talleyrand.

Tuileries, 2 novembre 1834.

J'espérais toujours, mon cher prince, avoir quelque chose à vous mander sur le résultat de notre bien malheureuse crise ministérielle, c'est ce qui m'a fait attendre jusqu'à ce jour pour vous écrire; mais comme, à mon grand regret, rien n'est encore fait, je viens au moins vous donner des nouvelles de mon neveu, qui nous est revenu en parfaite santé, enchanté de son séjour à Valençay qu'il dit être un lieu superbe, et surtout vivement touché de la manière si aimable, si parfaite dont il a été reçu.

Notre cher roi, au milieu de cette crise bien pénible pour lui, conserve son calme, sa patience, sa longanimité unis à la fermeté, cherchant à trouver ce qui peut inspirer confiance à l'armée et au pays ; le choix n'est pas facile, surtout quand il s'agit d'accorder cinq personnes qui pour bien aller devraient marcher ensemble. En ce moment le roi est au conseil ; Dieu sait si cela finira aujourd'hui ; je le voudrais bien pour tout, mais surtout, je vous l'avoue, pour mon pauvre frère auquel ils font faire du mauvais sang.

Chartres m'a dit qu'il vous avait trouvé à merveille, ce qui me fait grand plaisir. J'espère qu'enfin vous aurez bientôt le portrait de notre cher roi, que le peintre a commencé depuis si longtemps, c'est uniquement sa faute s'il n'est pas encore dans votre salon.

Aussitôt qu'il y aura un ministre de la

guerre, je vous l'écrirai tout de suite. En attendant, mon cher prince, c'est de tout mon cœur que je vous renouvelle l'expression des sentiments que vous me connaissez pour vous depuis si longtemps.

L.-A. D'O.

P.-S. — Je vous demande d'être mon bon interprète auprès de madame de Dino.

XLIX

Le prince de Talleyrand
à la duchesse de Bauffremont.

Valençay, 3 novembre 1834.

Ma malheureuse amie est morte hier à Tours [1]. J'en suis désolé : vingt-sept ans de dévouement absolu !!! J'ai le cœur navré. Je vous presse contre mon cœur.

Adieu.

TALLEYRAND.

1 La princesse Tietzkiewitz.

L

Le prince de Talleyrand à la comtesse de Jersey.

Valencay, le 4 novembre 1834.

La princesse Tietzkiewitz vient de terminer sa douloureuse carrière; elle est morte hier à Tours. Vingt-sept ans d'un dévouement absolu rendent sa mort bien cruelle pour moi. Je sais bien que depuis quelque temps tout annonçait une fin prochaine, mais le moment de l'éternelle séparation est bien pénible. Jamais l'affection n'est préparée pour cette dernière heure. Je sens le besoin de montrer ce que j'éprouve à une personne que j'aime depuis vingt ans et c'est pour cela que je vous écris aujourd'hui.

Je viens de recevoir une lettre d'Alava qui, tout en votant pour les déchéances, ne me paraît pas content des affaires de son pays. Qu'est-ce que vous croyez qu'il sortira de tous ces dîners et discours dont tous les papiers anglais sont remplis? Mandez-le-moi.

M. le duc d'Orléans a été ici d'une bonté et d'une grâce parfaites; il a plu à tout le monde. S'il était donné aux Berrichons d'être enthousiastes, je pourrais dire qu'on l'est pour lui dans notre pays.

Je ne sais pas encore combien je resterai de temps ici; je ne suis pas trop pressé de retourner à Paris. Faites mes amitiés à lord Jersey. Comment se porte le duc? L'avez-vous vu à Middleton?

Adieu, mille tendres hommages.

TALLEYRAND.

LI

Le prince de Talleyrand
à la duchesse de Bauffremont.

Valencay, 8 novembre 1834.

Je vous envoie, chère amie, le récit de tout ce qui s'est fait à Tours, à l'occasion de la mort de notre pauvre princesse. Tout s'est passé fort convenablement. Par bonheur, Joseph n'y était pas, ce qui fait que M. d'Entraigues, le préfet de Tours, a pu ordonner les choses de manière qu'elles se passent décemment. Le corps de ma pauvre amie sera transporté ici ainsi qu'elle l'a désiré. Sa fin a été fort douloureuse; la force qu'elle avait, a prolongé les douleurs. Cette dernière heure, quelque préparé que j'y fusse, m'a été et me restera bien pénible.

Adieu, je vous aime bien tendrement.

TALLEYRAND.

LII

Madame Adélaïde au prince de Talleyrand.

Tuileries, 10 novembre 1834.

Mon cher prince, lorsque le 6 je vous écrivais qu'il n'y avait rien de fait, mais que je croyais probable que les anciens ministres resteraient, nous espérions, et notre cher roi qui le désirait vivement, croyait encore un arrangement possible et il n'a rien négligé pour le faire mais vainement; on voulait M. de Broglie président du conseil et ministre des affaires étrangères, et c'est à cela que le roi n'a pas voulu consentir ni à se laisser dicter la loi, ce que je suis sûre que vous approuverez. Le roi a beaucoup d'estime pour le caractère du duc de Broglie, et de toute autre manière il a dit à ces messieurs qu'il n'aurait aucune objection à le voir rentrer au conseil, seulement pas comme ministre des affaires étrangères. Il est évident maintenant que la subite et incroyable démission donnée sans aucun motif ni prétexte était pour arriver à ce but; il y a eu grand travail, intrigue sur intrigue pour rendre tout autre ministère impossible et pour arriver à imposer M. de Broglie aux affaires étrangères, et il n'y avait plus d'alternative pour le roi que de former un ministère entièrement doctrinaire avec MM. de Broglie, Thiers, Humann, Persil ne voulant plus rester, ou un ministère tout neuf, ce que vous aviez fait conseiller au roi par Chartres; vous savez tout le poids de vos conseils sur lui, et c'est après bien des peines, bien des embarras et difficultés sans nombre, le dernier parti qu'il a pris, bien résolu à marcher en suivant son sage et bon système. Il est en ce moment au conseil à faire l'ordonnance pour annoncer son ministère au public qui attend avec impatience un résultat que voici : M. le duc de Bassano, président du conseil, ministre de l'intérieur ; M. Persil, garde des sceaux ; M. Bresson, qui est à Berlin, votre élève en diplomatie, homme d'esprit et de talent, aux affaires étrangères ; on avait pensé un moment à Guilleminot, cela n'a pu s'arranger ; M. Teste, au commerce ; M. Vassy, aux finances et Charles Dupin à la marine ; l'instruction publique n'est pas encore donnée. La conduite de ces messieurs n'a pas été bonne envers le roi, si loyal et si parfait pour eux ; au moment d'une session, le mettre dans un embarras pareil est inqualifiable. Enfin, mon cher prince, j'espère que cela ira bien ; ce ministère est tout dans la majorité de la Chambre, je vous ai entendu faire l'éloge de M. Bresson ; il a pris beaucoup de considération à Berlin ; peut-être qu'une existence, une situation plus considérable dans le monde eût été à désirer, mais avant tout, le talent, la droiture et dans la circonstance actuelle c'était le meilleur choix et il fallait en finir. J'ai la confiance que vous jugerez que le roi a pris un sage parti et ne pouvait faire mieux.

J'attendrai avec impatience votre réponse à cette lettre que je me hâte de terminer pour qu'elle puisse partir; répondez-moi tout de suite, et recevez, mon cher prince, l'expression de tous mes sentiments.

A. D'O.

P.-S. — Le comte Molé a été parfait dans cette circonstance; dans toute cette affaire il avait été entraîné, trompé d'une cruelle manière et il s'est retiré entièrement.

LIII

Le prince de Talleyrand au duc de Broglie.

Valençay, le 11 novembre 1834.

Mon cher duc,

N'ayez pas trop bonne opinion de ma santé, mais ayez-en toujours une excellente de mon amitié pour vous et de mon dévouement au roi. Je ne saurais vous en donner une meilleure preuve que de me tirer l'hiver avec mes quatre-vingts ans de mon repos et de ma paresse actuelle pour arriver à Paris dans les premiers jours de décembre, ce que je vous promets. J'y serai à vos ordres depuis le matin jusqu'au soir et, puisque vous avez quelque confiance dans ma vieille expérience, je vous dirai franchement ma manière de comprendre et de juger ce que vous m'aurez appris du monde politique.

Quant à aller à Londres, je n'en sens pas bien la nécessité. Je suis bien vieux. Tout autre y fera maintenant aussi bien que moi, au moins. Si cependant, par impossible, vous arriviez à égarer assez mon amour-propre pour me persuader que je suis, jusqu'à un certain point, indispensable encore aux affaires actuelles, alors je croirai sans doute de mon devoir de m'y livrer jusqu'à leur accomplissement et je partirai pour Londres.

Après avoir fini ce à quoi vous me jugez nécessaire, vous me laisserez retourner tout de suite dans ma tanière et rentrer dans l'engourdissement qui seul me convient maintenant.

Quoi qu'il arrive, rien ne périclite d'ici à quelques semaines dans les mains de M. de Bacourt. Je suis persuadé qu'il justifie par son zèle et sa prudence tout le bien que je vous ai dit de lui.

Je terminerai d'ici à peu de jours les affaires que j'avais à Valençay et j'irai exposer pendant quelques jours mon vieux corps au soleil de Touraine pour le ranimer un peu.

Offrez, je vous prie, mon tendre respect à madame de Broglie.

Adieu, mille amitiés.

TALLEYRAND.

LIV

Le prince de Talleyrand
à Madame Adélaïde d'Orléans.

Valençay, le 12 novembre 1834.

Je trouve dans la lettre que Mademoiselle a eu la bonté de m'écrire des noms fort nouveaux en effet [1]. Je ne m'en plains pas,

1. Pour l'intelligence de cette lettre, il est nécessaire de dire que M. le duc d'Orléans, se trouvant à Valençay dans les premiers jours de novembre 1834, se plaignit à M. de Talleyrand des hommes dont le roi son père était obligé de se servir; de la crise ministérielle qui se préparait et qui éclata quelques jours plus tard; de la retraite inévitable du maréchal Gérard et de la recomposition indispen-

et si je me permettais un regret, ce serait qu'ils ne le fussent pas tous au même degré [1]. Le premier a vieilli et a succombé avec l'empire [2]. Il en est un autre qui, malgré la merveilleuse rapidité de sa carrière [3], a laissé entre la chancellerie de mon ambassade et le ministère des affaires étrangères, une trace de son passage à Bruxelles

sable du cabinet. Il finit par demander à M. de Talleyrand quels étaient les hommes qui, dans son opinion, devaient être appelés au pouvoir. M. de Talleyrand lui répondit : — *Tous ceux dont je ne sais pas le nom.* — C'était une échappatoire et voilà tout. Madame Adélaïde, annonçant à M. de Talleyrand la composition du nouveau cabinet, dit que le roi ayant saisi l'insinuation que M. de Talleyrand lui avait fait faire par le duc d'Orléans, s'était décidé à choisir des hommes nouveaux. C'est à ce passage de la lettre de Madame Adélaïde qu'a trait la première partie de la réponse de M. de Talleyrand.

1. Les membres du ministère nommé le 9 novembre 1834 et qui ne dura que trois jours.

2. Le duc de Bassano, nommé ministre de l'intérieur et président du conseil.

3. M. Bresson qui, envoyé en mission à Bruxelles par la conférence de Londres au mois de novembre 1830, y avait formellement désobéi aux ordres de la conférence.

qu'il vaudrait peut-être mieux qu'on n'eût pas à remarquer. Je me plais, du reste, à remarquer dans ce jeune homme de l'aptitude, de l'activité, du dévouement, et j'espère le voir justifier la bonté du roi.

Tout, d'ailleurs, il est vrai, valait mieux que le manque absolu de gouvernement, que l'isolement prolongé du roi, état de choses étrange, nuisible, et qui aurait pu s'aggraver encore par l'humiliante nécessité de subir les prétentions arrogantes de la présomption ou de l'ingratitude [1].

Mademoiselle ne me dit pas quel est le nouveau ministre de la guerre. C'est cependant dans mon opinion le choix le plus important du moment.

Mademoiselle aura pu remarquer que je me suis abstenu longtemps de lui parler de

1. Madame Adélaïde se plaignait avec amertume de l'arrogance, de la présomption, de l'audace, de l'ingratitude des ex-ministres envers le roi et de la volonté qu'ils manifestaient d'humilier la couronne en la faisant passer sous le joug des doctrinaires.

moi et de détourner un seul instant son attention de la pénible crise qui devait fatiguer le roi. Mais aujourd'hui que cette crise est terminée, je réclame avec toute la confiance d'un serviteur éprouvé, une nouvelle preuve de la bonté de Mademoiselle. Je la supplie de disposer favorablement le roi à la lecture d'une lettre que j'écris au département des affaires étrangères. Elle y porte ma démission. Je dois croire que le roi est disposé à la recevoir, Monseigneur le duc d'Orléans m'ayant témoigné que, dans son opinion, je ne pouvais plus être utile à Londres. Il a raison, car je suis vieux, je suis infirme et je m'attriste de la rapidité avec laquelle je vois ma propre génération disparaître. Homme d'un autre temps, je me sens devenir étranger à celui-ci.

Je me permettrai aussi de répéter à Mademoiselle ce que le prince royal a fort bien senti, c'est que nous avons depuis quatre années tiré de l'Angleterre tout ce qu'elle pouvait nous donner *d'utile*. Puisse-t-elle ne nous rien transmettre de nuisible ! L'Angleterre s'est étrangement modifiée, et je ne pense pas qu'elle puisse s'arrêter dans la nouvelle route qu'elle parcourt. Je ne me sens pas appelé, je l'avoue, à l'y suivre. Ici se présente d'ailleurs, outre la différence de système, encore une question de personnes. Lord Palmerston et moi nous ne nous entendons plus et nous ne nous plaisons guère. Il ne faut pas que le service du roi souffre de cette mésintelligence. Tels sont mes motifs ; je les crois fondés en raison, en convenance et je suis persuadé que l'admirable pénétration du roi les jugera digne de mon dévouement à ses intérêts. Je n'insisterai donc pas davantage sur mon attachement à sa personne, mais je reviendrai encore une fois sur la nécessité qu'il y a pour moi de me reposer avant de finir. Je crois, d'ailleurs, devoir à la place que peut me destiner l'histoire de ne pas compromettre le souvenir des services que j'ai été assez heureux pour rendre à la France à travers les vicissitudes infinies qu'elle a traversées depuis plus de cinquante années! En prolongeant mon action, désormais sans objet, je serais sans utilité pour mon pays et ne pourrais que nuire à ma dignité personnelle.

Je ne ferai aucune excuse à Mademoiselle de l'entretenir si longuement du même objet; sa noble amitié est de nature, je le sais, à ne pouvoir que s'augmenter de tout l'abandon de ma confiance. Uu esprit aussi élevé, une âme aussi tendre me conservera mes plus chères consolations, *son souvenir et sa bonté*.

Après l'ouverture des procès, avant l'ouverture des Chambres, quand les premières et déplaisantes interprétations des journaux sur ma retraite seront passées et que mon successeur sera connu, je compte aller pour quelques moments mettre mes hommages aux pieds du roi et de Mademoiselle.

D'ici à cette époque je vais rendre à madame Tieztkiewitz de tristes et derniers devoirs; c'est à Valençay qu'elle a désiré être enterrée.

TALLEYRAND.

LV

Le prince de Talleyrand
au ministre des affaires étrangères[1].

Valençay, le 13 novembre 1834.

Monsieur le ministre,

Lorsque la confiance du roi m'appela, il y a quatre ans, à l'ambassade de Londres, la difficulté même de la mission me fit obéir. Je crois l'avoir accomplie utilement

1. A la suite de la dissolution du ministère, deux ou trois intérimaires ayant été nommés successivement, M. de Talleyrand dut adresser cette lettre simplement au ministre des étrangères, sans désignation de personne.

pour la France et pour le roi, deux intérêts toujours présents à mon esprit, étroitement confondus dans ma pensée.

Dans ces quatre années, la paix générale maintenue a permis à toutes nos relations de se simplifier; notre politique, d'isolée qu'elle était, s'est mêlée à celle des autres nations; elle a été acceptée, appréciée, honorée par les honnêtes gens et par les bons esprits de tous les pays. La coopération que nous avons obtenue de l'Angleterre n'a rien coûté ni à notre indépendance, ni à nos susceptibilités nationales, et tel a été notre respect pour les droits de chacun, telle a été la franchise de nos procédés que, loin d'inspirer de la méfiance, c'est notre garantie qu'on réclame aujourd'hui contre de certaines directions qui inquiètent la vieille Europe.

C'est assurément à la haute sagesse du roi, à sa grande habileté qu'il faut attribuer des résultats aussi satisfaisants. Je ne réclame pour moi-même d'autre mérite que celui d'avoir deviné avant tous la pensée profonde du roi et de l'avoir annoncée à ceux qui, depuis, se sont convaincus de la vérité de mes paroles.

Mais aujourd'hui que l'Europe connaît et admire le roi; que, par cela même, les plus grandes difficultés sont surmontées; aujourd'hui que l'Angleterre a peut-être un besoin égal au nôtre de notre alliance mutuelle et que la route que paraît vouloir suivre l'Angleterre doit lui faire préférer un esprit à traditions moins anciennes que les miennes, aujourd'hui, je crois pouvoir, sans manquer de dévouement au roi et à la France, supplier respectueusement Sa Majesté d'accepter ma démission, et vous prier, monsieur le ministre, de la lui présenter.

Mon grand âge, les infirmités qui en sont la suite naturelle, le repos qu'il conseille, les pensées qu'il suggère, rendent ma démarche bien simple, ne la justifient que trop et en font même un devoir. Je me confie à l'équitable bonté du roi pour en juger ainsi.

Agréez, monsieur le ministre, etc.

LE PRINCE DE TALLEYRAND

LVI

Madame Adélaïde au prince de Talleyrand.

Tuileries, 14 novembre 1834.

Mon cher prince, j'ai le cœur navré de la résolution dont vous m'instruisez dans la lettre que je viens de recevoir de vous[1] et qui fait que, malgré le cruel embarras où cela met notre cher roi, c'est une consolation pour moi de venir vous dire que tout est dérangé et qu'il n'y a *rien de fait*. Voici ce qui s'est passé (mais ceci est sous le secret pour vous) : MM. Teste et Passy sont arrivés chez le roi, hier, à onze heures et demie, pour

1. La démission de M. de Talleyrand.

lui remettre leurs démissions, motivées sur la situation pécuniaire du duc de Bassano.

Il faut cependant que vous sachiez, mon cher prince, que le roi n'avait pas l'intention de nommer le duc de Bassano à la présidence et qu'il avait seulement consenti à le nommer ministre de l'intérieur ; ce ne fut que dans la salle du conseil, et au moment de signer les ordonnances, que le roi les trouva préparées avec la nomination du duc de Bassano à la présidence; le roi s'en étonna et voulut la faire changer, mais ces messieurs déclarèrent qu'ils ne seraient pas constitués sans président et qu'ils ne pouvaient accepter sans cela.

Ces démissions devaient entraîner les autres, et en effet, ce matin, Charles Dupin est venu donner la sienne, et M. de Bassano reconnaît aussi qu'il ne peut plus rien faire ; tout cela est fini.

Dans cette cruelle position, mon cher prince, vous ne voudrez pas ajouter à l'embarras, à la peine de notre cher roi, en persistant dans votre résolution de démission ; je ne puis vous exprimer la douleur qu'il en ressent, c'est au nom de votre attachement ponr lui, de votre amitié pour moi que je viens vous demander de suspendre au moins cette détermination, de ne plus parler de la lettre aux affaires étrangères, d'attendre les nouvelles combinaisons et de nous aider de vos conseils.

Je console notre si parfait roi par la confiance qu'il me voit et que j'ai, connaissant votre amour pour notre chère et si belle France et vos sentiments *pour nous*, je suis convaincue qu'en réfléchissant vous ne prendrez pas ce parti maintenant et vous n'aggraverez pas la situation du roi ; en ce moment chacun l'abandonne ; l'intrigue, l'ambition et le manque de courage moral se réunissent pour l'isoler, et pourtant son calme et sa force le soutiennent malgré tout.

Aussitôt que je pourrai vous mander quelle

sera la combinaison, je le ferai ; pour le moment il n'y a *rien*.

Mais rassurez-nous sur cette terrible idée de démission qui nous afflige tant. Le roi me disait encore à l'instant que c'était, de tout, ce qui lui faisait le plus de peine et pouvait peut-être lui faire le plus de mal! Restez et donnez-nous vos bons avis; je regrette amèrement que vous ne soyez pas ici dans cet instant, mais je sais aussi qu'un devoir sacré et bien triste vous retient à Valençay.

Répondez-moi tout de suite ; j'ai confiance en votre attachement pour le meilleur et le plus honnête des hommes et des rois. C'est de tout mon cœur bien triste que je vous renouvelle l'expression de mes sentiments.

E.-A.-L. D'O.

P.-S. — Si vous ne voulez plus aller à Londres, qu'est-ce qui vous empêcherait d'aller à Vienne où vous seriez si utile?

LVII

Madame Adélaïde au prince de Talleyrand.

Tuileries, 15 novembre 1834.

D'après ce que vous m'aviez mandé hier, mon cher prince, notre cher roi étant prévenu de la lettre que vous écriviez aux affaires étrangères, il a profité de l'interrègne pour se faire remettre votre lettre, que personne n'a vue ; elle est entre ses mains, cachetée par vous, il ne l'a pas même ouverte ; elle lui fait trop de peine à lire, il la garde en attendant votre réponse à ma lettre d'hier qui sera, j'espère, de la brûler et qu'il n'en soit plus question.

Le bon, l'excellent maréchal Mortier, qui, comme vous savez, avait refusé la présidence après la démission du maréchal, ce qui dès lors aurait tout concilié, l'accepte maintenant par dévouement et attachement au roi et à son pays : voilà un brave homme ; cela facilite au roi la tâche de recomposer le ministère avec les anciens éléments et il le reforme en ce moment.

Je me hâte de vous informer où nous en sommes et j'attends avec impatience et confiance votre réponse qui, je n'en doute pas, donnera pleine et entière satisfaction sur ce qui nous ferait une si vive peine.

Répondez-moi aussi, mon cher prince, sur mon idée de Vienne ; il me tarde d'avoir des nouvelles de votre santé, car vous venez d'avoir peine de cœur et agitation, et cela fait bien mal ; vous connaissez mes anciens et constants sentiments pour vous.

A. D'O.

P.-S. — 4 heures. — Tout est arrangé, le duc de Trévise est ministre de la guerre et président du conseil, le reste comme avant; on attend la réponse de M. Humann pour faire les ordonnances; on ne la croit pas douteuse.

LVIII

Le prince de Talleyrand
à Madame Adélaïde d'Orléans.

Valençay, 16 novembre 1834.

Ah ! Mademoiselle, que tout ceci est accablant, et que ma vieille expérience s'en alarme ! Un malheureux concours de circonstances a paralysé le peu de bien que j'aurais pu faire ! Je suis persuadé que si Thiers, Rigny et Guizot étaient venus ici, comme ils en avaient le projet, je leur aurais fait comprendre la nécessité de rester étroitement unis. — Je suis plus désolé que Mademoiselle ne peut l'être de ne pas m'être trouvé à Paris pendant l'orage ; j'aurais cherché à le conjurer par l'ascendant de mon âge, de mes souvenirs, et par celui que peut me donner une situation totalement désintéressée. — Si j'avais, en dernier lieu, eu mon opinion à exprimer, j'aurais averti le roi de l'inconvénient grave qu'il y avait à appeler à une place première un homme publiquement accablé sous le poids de mauvaises affaires pécuniaires. — Il est surtout impardonnable à MM. Teste et Passy d'accepter légèrement la veille ce qu'ils abandonnent dès le lendemain. Je n'étais pas là pour dire en temps utile ce que mon dévouement m'aurait inspiré, et quand j'ai reçu hier, à onze heures du soir, la lettre si touchante de Mademoiselle, ma démission était sans doute depuis le matin même aux affaires étrangères. J'avais attendu que le gouvernement fût officiellement recomposé; je devais lui supposer quelque durée! Et qu'ici, Mademoiselle veuille bien rendre justice à mon dévouement et remarquer qu'il m'a fallu quelques efforts pour ajourner encore lorsque Monseigneur le duc d'Orléans témoignait ici même, aux Anglais qui s'y trouvaient, que, dans son opinion, je ne pouvais plus désormais être utile au service du roi en Angleterre. Le silence absolu que le prince royal a observé à notre égard, depuis son départ de Valençay, a dû me confirmer encore dans cette pensée.

A cette réflexion, que fortifiaient de nombreux retours sur moi-même, sont venus se joindre les étranges récits que madame de Flahault s'est permis de faire à Londres sur le séjour de Monseigneur ici. Les amis même de cette imprudente personne, soit par étonnement, soit par curiosité, m'en ont écrit les singuliers détails. Tout, en un mot, s'est réuni pour accélérer un dénouement prévu depuis longtemps.

Je n'ai pas la prétention de croire que ce soit un fait d'une grande importance, mais il suffit qu'il donne quelques regrets au roi et à Mademoiselle pour que j'en éprouve une peine réelle Je serais en effet inconsolable que ma démission pût être nuisible aux intérêts du roi, mais, sous ce rapport du moins, je suis sans craintes. Il y a deux mois que les journaux de tous les pays y préparent le public et il y a longtemps qu'on dit à Paris comme à Londres, à Pétersbourg, Vienne et Berlin que, depuis la retraite de lord Grey, je songe sérieusement à la mienne. Chacun sait que c'est le personnel de lord Palmerston, la tendance actuelle du gouvernement anglais, mon grand âge, la faiblesse de mes jambes qui seuls me déterminent. — Ma retraite ne sera donc une surprise pour personne, et, si elle pouvait nuire à quelqu'un, ce ne pourrait être qu'à lord Palmerston, à lui, *oui*, j'en conviens; à d'autres, *non*. Toute l'Europe me fait l'honneur de reconnaître en moi l'ami personnel, le serviteur fidèle et dévoué du roi; on sait quelle est ma haute opinion de son habileté et de ses lumières. Mes motifs sont, d'ailleurs, ce me semble, développés d'une façon trop claire et trop complète dans ma lettre aux affaires étrangères pour ne pas détruire toute mauvaise interprétation. Elle ne pourrait être désagréable tout au plus qu'au cabinet actuel de Downing street; je n'ai pas à y regarder, lord Grey n'y est plus et je ne crains pas de montrer mon opinion sur la route dans laquelle ce cabinet s'est engagé; tout en désirant que nous ne l'y suivions pas, je n'en suis pas moins partisan d'une alliance qui, *bien comprise*, pourrait encore être si féconde en bons résultats.

Si donc il pouvait convenir au roi de montrer ma lettre au ministère, soit à son conseil, soit aux ambassadeurs, y compris lord Granville, s'il lui plaisait de la faire mettre dans les journaux, en un mot, de lui donner toute la publicité qui pourrait le mieux faire comprendre les véritables motifs de ma démission, non seulement je n'y verrais aucun inconvénient, mais j'en serais même fort aise.

Mademoiselle a la bonté de me demander quelques avis; à la distance où je suis, il serait bien léger d'en donner. Je risquerai cependant, quoiqu'en aveugle, de désirer le retour du maréchal Gérard. Maintenant que l'amnistie, comme mesure législative, est adoptée par M. Dupin (du moins à en juger par son discours de rentrée), la conciliation, ce me semble, pourrait se faire sur un terrain supportable. Personne n'est plus affligé que moi de l'isolement du roi, du chagrin de Mademoiselle; il met le comble à toutes mes peines qui, depuis quelque temps, se multiplient trop; c'est plus que mes forces en peuvent porter.

Je suis de Mademoiselle, etc., etc....

TALLEYRAND.

LIX

Madame Adélaïde au prince de Talleyrand.

Tuileries, 17 novembre 1834.

Mon cher prince,

Nous apprenons à l'instant et d'une manière certaine que le ministère anglais est dissous et que le roi a appelé le duc de Wellington ; personne ne le sait encore, mais je m'empresse de vous en faire part, vous disant tout ce que nous savons jusqu'à présent sur cela.

J'espère que cette circonstance ajoutée à

tous les autres motifs que je vous donnais dans mes deux dernières lettres vous feront entièrement renoncer à votre mauvaise idée ; pardonnez-moi le mot. J'attends avec impatience mais confiance une bonne lettre de vous demain ou après qui me rassure et me donne entière satisfaction à cet égard ; je suis pressée par le départ de la poste, nous attendons toujours la réponse de M. Humann; c'est ce qui fait que les ordonnances ne sont pas encore dans le *Moniteur*.

C'est de tout mon cœur, mon cher prince, que je vous renouvelle l'expression de mes sentiments.

A. D'O.

LX

Le prince de Talleyrand
à Madame Adélaïde d'Orléans.

Valençay, 17 novembre 1834.

Je fais mon bien sincère et joyeux compliment à Mademoiselle de la combinaison nouvelle dont elle veut bien me parler. Elle délivre mon esprit d'une grande anxiété. Il m'était bien pénible, en effet, d'ajouter ne fût-ce qu'un grain de sable à tous les cruels embarras du moment ; les voici terminés.

La rentrée du ministère ne tournant au

profit d'aucune des factions du cabinet, assure l'équilibre du tout. Quel soulagement! J'en remercie de tout mon cœur le maréchal Mortier. Je voudrais pouvoir faire comme lui et retourner à la brèche. L'Angleterre, pour moi, est hors de question; Vienne me plairait sous beaucoup de rapports et conviendrait à madame de Dino, que tout son dévouement pour moi console difficilement de quitter Londres, où elle a été si bien appréciée. — Mais à mon âge, on ne va plus chercher les affaires si loin de ses foyers. S'il ne s'agissait que d'une mission spéciale auprès d'un congrès, d'une réunion telle que celle de Vérone ou d'Aix-la-Chapelle, je serais prêt. Si pareille combinaison, qui n'est rien moins qu'invraisemblable, se présentait et que le roi me crût encore capable d'y bien représenter la France, qu'il me donne ses ordres, et je pars à l'instant, heureux de lui consacrer mes derniers jours. Mais une mission permanente ne saurait plus me convenir, à Vienne surtout, où j'ai été, il y a vingt ans, l'homme de la restauration. Mademoiselle a-t-elle bien songé à un pareil rapprochement? Et cela encore en regard de Charles X et de Madame la dauphine, qui vient souvent à Vienne et y reçoit tous les honneurs dus à son rang, à ses malheurs, à sa proche parenté. Simples particuliers en Angleterre, les Bourbons de la branche aînée sont des princes, presque des prétendants en Autriche. C'est pour l'ambassadeur du roi une énorme différence, peu sensible peut-être pour tel ou tel, mais pour moi, dans la vie duquel 1814 reste écrit en gros caractères, elle est décisive. Non, Mademoiselle, il n'y a plus pour moi d'autre existence que celle d'une retraite complète et sincère, d'une vie privée simple et paisible. Ceux qui voudront me supposer quelque arrière-pensée seront de mauvaise foi. A mon âge, on ne vit plus qu'avec des souvenirs.

Si on me voit moins souvent à Paris que je le voudrais, c'est que mes jambes me rendent la vie du monde difficile. Je connais trop bien le cœur de Mademoiselle, l'équité du roi, pour admettre un seul instant que ma résolution puisse diminuer leur bonté pour moi. Elle est d'une date qui me permet d'y voir une sorte de transmission. Quelques services récents qu'il m'a été donné de rendre depuis quatre ans, et la conscience du tendre respect qui m'attache à Mademoiselle ajoutent encore à ma confiance dans l'amitié que je les supplie de me conserver.

TALLEYRAND.

LXI

Madame Adélaïde au prince de Talleyrand.

Tuileries, 18 novembre 1834.

Mon cher prince, je vous remercie bien de tout mon cœur de votre exactitude à me répondre et de votre longue et intéressante lettre du 16, que je viens de recevoir à l'instant; elle ne me donne pas encore entière satisfaction sur ce qui me tient tant à cœur, votre consentement à annuler votre lettre de démission qui est entre les mains du roi cachetée, et qui y reste, car j'ai plus que jamais la confiance que vous céderez à ma demande, à ma prière. Comment en douter après les nouveaux témoignages d'attachement, d'affection, et je dirai même de tendresse, que vous *nous* donnez; les raisons principales sur lesquelles vous basez votre démission deviennent en ce moment des motifs puissants et irrésistibles pour vous déterminer à la retirer; lord Palmerston n'est plus au ministère et les grands événements qui se passent en Angleterre vous remettent dans une nouvelle position très différente de celle dont vous me parlez, ce qui change tous les raisonnements contenus dans la lettre que je reçois aujourd'hui et dans l'avant-dernière. Vous ne pouvez, mon cher prince, laisser compromettre les grands services que vous avez rendus à la France et au roi en établissant son union pour maintenir la paix avec l'Angleterre, et en faisant comprendre à cette dernière que son véritable intérêt, sa force, était dans cette union; vous *seul* pouviez le faire, et vous *seul*, dans les circonstances présentes, pouvez le maintenir; c'est ce dont le roi est intimement persuadé; mon neveu, le duc d'Orléans, aussi, qui en écrit dans ce moment à madame de Dino, et je suis persuadée que ce sera l'opinion générale. Ah! mon cher prince, dans des circonstances aussi graves, vous vous devez encore à notre belle patrie et au roi de votre choix et de vos affections; non, tel que je vous connais, il est impossible que, dans l'état actuel des choses, vous ne vous rendiez pas à cet appel. Vous me dites que vous restez toujours attaché à une alliance qui, *bien comprise*, peut être si féconde en heureux résultats pour les deux pays, et vous avez bien raison, mais qui peut la *bien comprendre et la faire mieux comprendre* que vous? Personne. C'est donc à vous, et à vous *seul* qu'il appartient d'achever cette grande œuvre que vous ne pouvez abandonner pour votre propre gloire et pour l'intérêt de la France.

La réponse de M. Humann vient d'arriver; il accepte, et demain au plus tard les ordonnances seront dans le *Moniteur*.

Mon neveu forme les mêmes vœux que nous à votre égard; il a écrit à madame de Dino; elle sera son interprète auprès de vous; il ne peut en avoir de meilleure; je compte les jours en attendant votre réponse à cette lettre-ci et à celle de mon frère, qui ne peut et ne doit être, permettez-moi de vous le dire, que ceci : « Je reprends mes fonctions d'ambassadeur du roi des Français. »

Il a passé ici, hier soir, un courrier allant chercher M. Viel en Italie, à Milan ou à Venise; voilà tout ce que nous savons.

Notre cher roi vous écrit par une estafette dont je profite pour vous envoyer cette lettre; c'est de tout mon cœur, mon cher prince, que je viens vous renouveler l'expression de mes anciens et constants sentiments.

A. D'O.

LXII

Lettre de Sa Majesté le roi Louis-Philippe au prince de Talleyrand.

Paris, mardi 18 novembre 1834.

Mon cher prince, ma sœur vient de me communiquer votre lettre du 16 novembre. Quoique bien habitué et depuis bien longtemps à l'expression de vos sentiments pour moi, j'ai été vivement touché de tous ceux que vous m'avez témoignés dans la pénible crise que nous venons de traverser. Elle est enfin terminée par le même arrangement que j'avais voulu faire dès le début. Il me tarde de vous donner tous les détails de cette longue série d'embarras et de difficultés, et de vous mettre ainsi à portée de pouvoir tout juger par vous-même. Ce sera la seule compensation que je puisse trouver au regret que j'éprouve d'avoir été privé par votre absence des bons et sages conseils de votre expérience et de votre amitié. Je sais que vous êtes encore retenu à Valençay pour l'accomplissement de devoirs douloureux, mais j'espère que vous n'attendrez pas votre retour à Paris pour m'autoriser à annuler cette lettre qui m'a fait tant de peine et que je conserve encore toute cachetée.

Je désire beaucoup, mon cher prince, que vous reveniez à Paris le plus tôt possible, car je suis aussi impatient de m'entretenir avec vous de ce qui s'est passé ici que de ce qui se passe à présent en Angleterre. Je suis convaincu qu'il n'y a que vous qui puissiez garantir et consolider cette grande œuvre de l'union des deux pays et de la conservation de la paix et de la sécurité de l'Europe que vous avez conduite jusqu'à présent avec tant de succès. J'espère que ces puissants motifs vous feront renoncer à un projet qui m'a si profondément affecté ; mais j'en attends la certitude avec la plus vive impatience.

Veuillez faire tous mes compliments à madame la duchesse de Dino. Je sais que mon fils lui a écrit ce matin, mais il avait envoyé sa lettre à la poste avant de savoir que je vous expédiais une estafette. Je vous remets une lettre de ma sœur.

J'ai reconstitué aujourd'hui le ministère sous la présidence du maréchal de Trévise, chacun reprend son poste, excepté dans le département de la marine, pour lequel mon choix n'est pas encore fixé et dont M. de Rigny fera l'intérim.

C'est de tout mon cœur, mon cher prince, que je vous renouvelle l'assurance de mon ancienne, constante et bien sincère amitié pour vous.

L.-P.

LXIII

Madame Adélaïde au prince Talleyrand.

Tuileries, 20 novembre 1834.

Je reçois à l'instant, mon cher prince, votre petit mot du 19 qui m'annonce que vous avez reçu l'estafette du roi ; il comprend parfaitement et moi aussi que vous n'avez pu répondre au moment de vos douloureux préparatifs ; je vous plains de tout mon cœur qui sent ce que le vôtre aura souffert dans cette triste journée.

J'ai toujours confiance en vos réponses à nos lettres, d'autant plus que je suis persuadée que vous apprendrez de toutes parts combien votre présence est jugée nécessaire à Londres et désirée; le roi m'a dit que M. de Bacourt l'écrivait dans ses dépêches d'hier.

Recevez de nouveau, mon cher prince, l'expression de tous nos sentiments.

A. D'O.

LXIV

Le prince de Talleyrand au roi Louis-Philippe.

Valençay, le 23 novembre 1834.

Sire,

Votre Majesté aura pardonné le retard que j'ai mis à la remercier de ses nouvelles bontés, de sa confiance, j'oserai presque dire de son amitié. Je voudrais y mieux répondre, mais je ne puis me refuser aux sérieux avertissements reçus à la triste cérémonie à laquelle j'ai dû assister [1].

1. L'enterrement de la comtesse Tietzkewitz, née princesse Poniatowska.

J'y ai puisé le courage de persévérer dans une résolution dont le côté vraiment douloureux pour mon cœur est de déplaire au roi. Il m'excusera s'il consent à se souvenir du dévouement avec lequel, malgré mon grand âge, je l'ai servi depuis quatre années, et il voudra bien m'en savoir encore quelque gré, alors que la mort de mes vieux amis et le poids des années ne permettent plus à mes actions de répondre à mon zèle.

C'est bien à tort qu'on chercherait d'autres motifs que ceux indiqués dans les dernières lignes de ma lettre au ministre des affaires étrangères. Ce serait une erreur que d'avoir voulu faire de ma démission une simple question de noms propres soit anglais, soit français. J'ai, grâce à vous, Sire, obtenu pour la révolution de Juillet *le droit de cité* en Europe. Ma tâche est accomplie, et j'insiste aujourd'hui pour me retirer, parce que j'en ai le droit et le besoin. Si je sortais de cette pensée si vraie et si simple et qu'il me fallût d'autres motifs encore, je dirais au roi que personne n'honore plus que moi le duc de Wellington; que je suis persuadé qu'à lui seul appartiendra l'honneur, si toutefois cela se peut encore, d'arrêter l'Angleterre dans sa décadence. Mais, quel que soit mon respect pour son caractère, sa force et sa prudence, je ne pourrais, sur le seul fait de sa rentrée aux affaires, retirer ma démission si sérieusement motivée et publique depuis beaucoup de jours, sans devenir à l'instant même un homme de parti pour les deux pays et, par cela même, moins en état de bien servir le roi. Je n'ai jamais été un homme de parti; je n'ai jamais voulu l'être, et c'est ce qui a fait ma force. Lorsqu'il y a quatre ans, je suis parti pour l'Angleterre, j'étais aux yeux de la France, de cette France si sévère dans ses susceptibilités nationales, ce que j'ai toujours voulu être, l'homme de la France! Aujourd'hui je serais pour elle l'homme du duc de Wellington.

Le roi oublie trop souvent, dans son indulgente bonté, mon grand âge; il oublie qu'il n'est plus permis à un octogénaire de manquer de prudence, car ce qui rend les fautes de la vieillesse si tristes, c'est qu'elles sont irréparables.

Je crois qu'il sera facile au roi de faire un choix convenable pour Londres. M. de Saint-Aulaire saurait, en Angleterre, comme il l'a su à Rome et à Vienne, faire respecter son gouvernement et estimer sa personne. M. de Rayneval, plein d'expérience et d'une prudence habile, serait peut-être, dans les circonstances actuelles, un meilleur choix encore, car il connaît mieux que personne les intérêts et les difficultés de la péninsule dont le sort occupera sans doute en première ligne le nouveau cabinet anglais. Je vois, du reste, tant d'intérêts divers à régler, ou du moins à discuter, que je pense de plus en plus à un prochain congrès. S'il convenait à Votre Majesté de m'y envoyer, je ferais volontiers dans cette mission momentanée un dernier essai de mes forces. Ce n'est que là où, tout considéré, je pourrais peut-être encore servir utilement le roi. Je ne saurais être coupable à ses yeux des torts de mon âge et des fatigues de ma vie.

Je suis, Sire, etc., etc.

LE PRINCE DE TALLEYRAND.

LXV

Le prince de Talleyrand
à Madame Adélaïde d'Orléans.

Valençay, le 23 novembre 1834.

Si Mademoiselle, dans sa touchante par-partialité, oublie trop souvent mes quatre-vingt-un ans, je suis, hélas! condamné à m'en souvenir lorsque tout me les rappelle. Je me révolte contre leurs exigences, et, cependant, je suis obligé de les subir.

J'ai laissé couler les heures et les jours sans pouvoir me décider à refuser ce qui m'était demandé avec une si confiante bonté; mais je puis encore moins me reconnaître les jours et les forces nécessaires à l'accomplissement de la tâche longue, difficile et laborieuse que Mademoiselle impose à son vieux serviteur. Je me permets d'indiquer au roi les personnes que je crois capables de la bien remplir. Le cabinet n'étant point encore régulièrement constitué, le roi a le temps de faire son choix et d'appeler M. de Rayneval, sur lequel je crois qu'il serait à tous égards préférable de le fixer. Je ne crains pas de dire à Mademoiselle que, dans cet intervalle, le roi ne saurait être mieux informé de ce qui se passe en Angleterre que par le chargé d'affaires[1] qui s'y trouve à présent. Il y a une position qui le rend particulièrement propre à bien savoir et à bien juger les événements.

Mademoiselle me permettra de finir : Je

1. M. de Bacourt.

suis trop malheureux de l'idée que je l'afflige peut-être pour avoir le courage de continuer. Je compte sur un mot de bonté de Mademoiselle, qui me dira qu'Elle aura encore quelque plaisir à me revoir.

TALLEYRAND.

LXVI

Le prince de Talleyrand au duc de Wellington.

Valençay, 23 novembre 1834.

Dear and illustrious Duke,

C'est à l'Europe entière, c'est aux hommes honnêtes et éclairés de tous les pays que j'adresse aujourd'hui mon bien joyeux compliment. Le pouvoir est retourné aux seules mains assez prudentes et assez fermes tout à la fois pour savoir le conserver et pour ne s'en servir que dans l'intérêt de la paix, du bon ordre et d'une sage liberté.

Je n'ai jamais si bien servi la France que lorsque c'était avec vous que je discutais ses intérêts; aussi m'aurait-il été glorieux de travailler encore avec vous à la conservation de notre alliance. Mais les situations ministérielles, en France et en Angleterre, jointes aux chagrins de voir mourir mes plus anciens amis, m'avaient depuis plusieurs mois décidé à la retraite. C'est le 13 novembre que j'ai envoyé ma démission au ministre des affaires étrangères, et c'est le 16 que le roi vous a appelé au ministère. Revenir sur une démarche aussi sérieusement réfléchie, à mon âge et à travers les inquiètes susceptibilités de la France, que mes vieilles doctrines alarment souvent, n'est plus possible. J'ai, à cet égard, développé mes motifs fort au long dans deux lettres de dates différentes. Je les envoie à M. de Bacourt, pour qu'il puisse vous en donner *confidentiellement* connaissance. Je vous demande de les écouter avec attention et de vous mettre un instant à ma place, avec tous mes antécédents d'une part, et mon avenir peut-être si court de l'autre, et je me tiens pour assuré que votre admirable équité me donnera raison.

Je vous demande de m'écrire un mot, mon cher duc, et que ce mot me dise que vous me comprenez, que vous m'approuvez, que surtout il m'assure de votre amitié.

Vous voudrez bien aussi, je l'espère, partager mes regrets et recevoir l'hommage de mon ancien attachement et de ma constante admiration.

TALLEYRAND.

P.-S. — Vous verrez, mon cher duc, dans ma lettre au roi que je lui parle d'un congrès ; je vous livre cette idée comme étant peut-être la seule applicable aux nombreuses difficultés du moment. Je la crois efficace et je m'y attache d'autant plus qu'elle seule pourrait aujourd'hui me rapprocher encore de vous autrement que par la pensée.

LXVII

Le prince de Talleyrand à la comtesse de Jersey.

Valençay, le 23 novembre 1834.

Dearest Lady Jersey,

La rentrée du duc de Wellington est éclatante; je vous en fais mon bien sincère compliment. Ce grand événement se passe sans intrigue aucune; c'est le résultat de la puissance qu'un caractère simple, droit, élevé exerce sur son temps. Je vous remercie des quatre lignes que vous m'avez écrites pour m'annoncer cette grande nouvelle.

Vous me parlez de l'époque de mon

retour; vous ne saviez donc pas que j'avais donné ma démission le 13. Ma santé, la disposition de mon esprit, des peines personnelles m'ont décidé à me retirer. Je suis un vieux homme, je le sais, mais je ne veux pas que d'autres soient dans le cas de le trouver. Je suis encore à Valençay; j'y resterai encore quelques jours; de là j'irai à Paris pour peu de temps. A la fin de décembre mon projet est d'aller à Rochecotte et d'y attendre le retour de la belle saison. Après cela, que ferai-je? Si je savais vos projets, cela m'aiderait à faire les miens.

Adieu; écrivez-moi quelquefois; vous le devez; je voudrais causer avec vous; c'est une des choses qui pourrait m'être le plus agréable, et il y a vingt ans que c'est comme cela.

Mille tendres hommages; faites mes amitiés à lord Jersey; je suppose qu'il est grand chambellan.

TALLEYRAND.

LXVIII

Le prince de Talleyrand à lady Burghersh.

Valençay, le 23 novembre 1834.

Dearest Lady Burghersh,

C'est par lady Clanricarde que j'ai appris que vous étiez accouchée, que vous aviez une fille comme vous le désiriez et que vous vous portiez bien. J'avais la confiance de croire que c'était par vous que je le saurais. Quoique l'âge des illusions soit passé pour moi, je m'étais encore laissé aller à celle-là. Je voudrais croire que vous allez à Naples comme ambassadrice, que vous passerez par Paris et qu'en vous rendant en Italie vous passerez par Valençay. J'ai peur de m'abuser encore.

Vous aurez entendu dire que j'ai donné ma démission; cela est vrai. Elle a été remise au roi le 13 novembre. Ma santé, mes jambes plus mauvaises encore que de coutume, la mort d'une de mes amies, tout cela s'est réuni pour me faire prendre ce parti. Dans mes projets d'avenir, la vie de Paris entre peu; je resterai beaucoup à Valençay et beaucoup à Rochecotte; j'irai probablement très peu aux eaux. Qu'est-ce que c'est que les eaux pour un vieux corps comme le mien? Alava aurait bien mieux fait de prendre la même résolution que moi. Il mène une vie trop forte pour une santé délabrée; il lui reste de l'imagination; cela même ne sert qu'à le tourmenter sur le sort de son malheureux pays; il m'écrit quelquefois; ses lettres sont fort découragées.

Adieu, mille tendres hommages.

TALLEYRAND.

LXIX

Madame Adélaïde au prince de Talleyrand

Tuileries, 24 novembre 1834.

Mon cher prince,

Je reçois à l'instant votre lettre du 22, qui m'afflige profondément, mais comme il faut aimer ses amis plus pour eux que pour soi-même et quoique ce que je vais dire soit en opposition avec ce que je réclame de vous depuis quinze jours, j'avoue avec ma franchise ordinaire que je trouve une partie de vos raisons justes. J'ai remis à notre cher roi la lettre que vous m'avez envoyée pour lui; il est dans ce moment au conseil; il compte vous écrire, il le désire vivement et aussitôt qu'il aura un moment il le fera, mais ce qu'il regarde comme bien utile, bien important, c'est de vous voir le plus tôt possible, de vous entendre et que vous l'entendiez; la correspondance ne peut suppléer à un entretien; venez donc dès que vous le pourrez, j'ai pour vous le demander avec instances un double motif, car je désire vous voir sortir du lieu de tristesse et de douleur où vous êtes maintenant; je vois la cruelle impression que cela fait sur vous; je suis persuadée que dans l'intérêt de votre santé madame de Dino se joindra à moi pour vous en solliciter, et vous le devez à vos amis et à notre cher roi qui a besoin de s'entendre avec vous; il goûte votre idée d'un congrès, il le désire, mais il faut y amener, et le préparer; qui peut le mieux faire que vous ?... Cela me ramène à la pensée de Vienne, mais, pour tout cela, il faut que le roi puisse en causer avec vous; vous ne pouvez nous refuser cette assistance dans un moment aussi important, et cette consolation en sera une grande pour moi, car je ne vous cache pas que je suis bien tourmentée et que j'attends une réelle satisfaction de votre présence ici; j'ai besoin de causer avec vous, et je suis d'ailleurs convaincue que votre séjour à Paris vous fera du bien.

Une pensée me vient, dont je vous fais part tout de suite; elle rentre, ce me semble, dans la vôtre : quand vous avez été à Londres, vous avez désiré que ce soit à titre d'ambassadeur extraordinaire; pourquoi, mon cher prince, n'iriez-vous pas à Vienne avec ce même titre préparer le congrès, et y assister ce que vous proposez au roi avec tant de dévouement pour lui et pour notre chère France? vous achèveriez là, par une mission particulière ayant un objet spécial, la grande œuvre que vous avez commencée en Angleterre avec tant de succès pour la France en consolidant et maintenant la paix de l'Europe. Mais, pour tout cela, j'en reviens à mon refrain : pour s'entendre, il faut que vous soyez ici. Le roi est encore au conseil, ce qui fait que je ne puis le voir et le consulter sur ce que je vous écris ; je tiens à ne pas manquer la poste et, pour cela, il faut que je me hâte d'en finir. C'est de tout mon cœur que je vous renouvelle l'assurance des sentiments que vous me connaissez pour vous.

A. D'O.

LXX

Le prince de Talleyrand
à la duchesse de Bauffremont.

Valençay, le 24 novembre 1834.

Je ne vous croyais plus assez crédule, chère amie, pour vous en rapporter aux journaux sur ce que je fais ou ne fais pas. Vous croyez que je reviens à Paris parce que les journaux le disent; si j'y allais, si je devais y être tel jour, vous le sauriez avant tout le monde, parce que, en vérité, c'est vous que j'aurai du plaisir à y revoir.

Le fait est que j'irai, que je vous le manderai, mais que ce n'est pas encore de quelques jours; d'abord ce ne sera pas avant le commencement de décembre; puis ensuite je vous dirai que, décidément, je ne retourne pas en Angleterre. J'y ai fait ce que je voulais, ce que je croyais utile à la France, à l'époque à laquelle j'y ai été. A présent que cela est fait, il ne me convient plus d'y retourner. J'en reste là sur toutes les questions que l'on me fait et que l'on me fera. Je vous aime et je vous embrasse de toute mon âme.

TALLEYRAND.

P.-S. — Voilà encore madame de Poix qui vient de finir. Que de personnes qui tombent autour de moi!!!

LXXI

Sa Majesté le roi Louis-Philippe au prince de Talleyrand.

Paris, 25 novembre 1834.

Mon cher prince,

Je n'ai rien vu de plus parfait, de plus noble, de plus honorable, de mieux exprimé que la lettre que je viens de recevoir de vous. J'en suis profondément touché. Sans doute il m'en coûte beaucoup de reconnaître la justesse de la plupart de vos motifs pour ne pas retourner à Londres, mais je suis trop sincère, trop ami de mes amis pour ne pas reconnaître que vous avez raison. Cependant, pour pousser jusqu'au bout ma franchise, je crains que le poids de la douleur qui vous accable ne vous ait porté à vous exagérer celui des années, et ce que vous avez considéré comme des avertissements. Croyez que plus j'apprécie les grands services que vous m'avez rendus ainsi que ceux que vous avez rendus à la France, plus je sens qu'il y en a que vous seul pourriez encore me rendre, et vous ne vous dissimulez sûrement pas combien votre résolution, quelque bien motivée qu'elle soit, va augmenter mes embarras. Il est impossible de rien arrêter avant que le ministère anglais soit reconstitué, mais j'entre bien dans vos idées; il faut s'occuper de préparer l'avenir et c'est pour cela, mon cher prince, que je désire vivement que vous reveniez à Paris le plus tôt possible. Je suis impatient de vous entendre et d'être entendu de vous; je sens le besoin d'avoir l'assistance de votre expérience et surtout les conseils de cette amitié éclairée qui m'est si précieuse. J'aime à vous répéter combien vous devez toujours compter sur la mienne et sur tous les sentiments que je vous porte depuis si longtemps.

L.-P.

LXXII

Le prince de Talleyrand
à Madame Adélaïde d'Orléans.

Valençay, 26 novembre 1834.

Le sentiment le plus doux est sans doute celui d'une confiance justifiée ! Je vois avec bonheur que j'avais toute raison de compter sur la bonté du roi et sur l'amitié de Mademoiselle.

J'aurais voulu partir à l'instant, mais ma pauvre jambe supporterait mal aujourd'hui la situation gênante et prolongée de la voiture. Le médecin qui m'a suivi ici vient d'essayer d'une nouvelle espèce de friction ; il me fait espérer bientôt plus de liberté dans mes mouvements. Toute la maison, d'ailleurs, est en mauvais ordre : madame de Dino est malade d'une de ses plus fortes attaques bilieuses; Pauline tousse beaucoup; personne de nous ne serait en état de se mettre immédiatement en route, mais le retard ne saurait être que de peu de jours, et je supplie Mademoiselle d'être persuadée que je ne songe qu'à l'abréger. J'aurai l'honneur de lui mander le jour de mon arrivée.

Je conjure le roi de ne parler à personne encore de l'idée du congrès; il est surtout essentiel de ne pas laisser croire aux puissances du Nord que tel serait notre désir. La France n'obtiendrait pas une réunion sur des bases plus larges que celle de Münchengrætz ; ce n'est que l'Angleterre qui peut en appeler d'une façon plus générale. Jusqu'à quel point le duc de Wellington, qui n'est lui-même encore qu'un ministre provisoire, sera-t-il disposé à adopter cette mesure, c'est ce que je serai peut-être bientôt en état de dire au roi. D'ailleurs rien ne périclite et la trop grande hâte ferait croire à de l'inquiétude.

Il faut bien se dire, mais à soi-même, et non pas à lord Granville, auquel dans les circonstances présentes il est plus prudent de ne plus rien dire du tout, que le duc de Wellington a seul le crédit suffisant en Europe pour faire prévaloir notre idée. Si, comme je le désire, c'est sur M. de Rayneval que le roi a fixé son choix, il aura précisément à Londres l'homme utile pour pousser à cette combinaison sans compromettre son gouvernement. L'expérience de M. de Rayneval est d'une date fort ancienne puisqu'il a commencé sa carrière avec moi, il y a longtemps. Il a su être depuis ambassadeur à Vienne sans devenir absolutiste; il l'est maintenant à Madrid sans être révolutionnaire ; il a le grand mérite de n'appartenir à aucun parti, pas même à la doctrine. Il est droit, il est homme d'affaires, voilà tout, et c'est ce qu'il faut.

Que le roi, à cette occasion, permette à mes quatre-vingt-un ans de le supplier de ne jamais chercher dans ses choix diplomatiques à plaire à tel ou tel parti ; il lui faut des hommes à lui, et rien qu'à lui et à la France ; les affaires ne peuvent marcher autrement.

Si Mademoiselle a la bonté de relire ce que j'ai eu l'honneur de lui écrire dans ma lettre du 17, elle verra que l'homme de la restauration, de la légitimité ne saurait pas plus convenir à Vienne, que Vienne ne pourrait lui plaire. Le congrès, d'ailleurs, s'il a lieu, ne s'y tiendrait pas ; on choisirait une ville si ce n'est parfaitement neutre du moins le plus éloignée possible de l'influence directe de la révolution comme de l'absolutisme, quelque ville de second ordre d'Allemagne ou d'Italie ; voilà ce qui serait naturel et convenable.

Je suis, de Mademoiselle, etc., etc.

TALLEYRAND.

LXXIII

Madame Adélaïde au prince de Talleyrand.

Tuileries, 30 novembre 1834.

Mon cher prince,

J'ai reçu hier votre lettre du 26, et ce matin celle du 28 avec celle qui était adressée au roi, auquel je l'ai remise tout de suite ; nous sommes bien touchés et bien contents de votre bonne détermination et de penser que nous aurons la grande satisfaction de vous voir vendredi prochain ; vous viendrez chez moi à l'heure qui vous conviendra le mieux et vous trouverez un petit billet en arrivant chez vous jeudi ; nous remettons à vendredi à répondre à vos lettres et à causer de tout avec vous, ce que le roi me charge de vous dire et combien il aura de plaisir à le faire. En attendant, c'est de tout mon cœur, mon cher prince, que je vous renouvelle l'expression de mes anciens et constants sentiments. J'écris en hâte, parce que le dimanche la poste part plus tôt.

A. D'O.

LXXIV

Madame Adélaïde au prince de Talleyrand.

Tuileries, 4 décembre (jeudi) 1834.

Mon cher prince,

J'espère que votre voyage ne vous aura pas trop fatigué et je vous prie de me faire savoir comment vous êtes. Si cela vous convient de venir ici demain à deux heures et demie, le roi et moi nous serons charmés de vous voir, de vous entendre et de causer avec vous. A demain donc, mon cher prince, et, en attendant, c'est de tout mon cœur que je vous renouvelle l'expression de tous les sentiments que vous me connaissez depuis si longtemps pour vous.

A. D'O.

LXXV

Madame Adélaïde au prince de Talleyrand.

Tuileries, 17 décembre 1834.

Mon cher prince,

Je n'ai pas vu dans nos journaux d'autre liste ce matin que les *on-dit* sur le ministère anglais dont on parlait hier, mais vous êtes triste, vous me le dites et cela suffit pour que je sois inquiète. Je suis de votre avis que, pour le moment, il n'y a rien à faire que d'attendre.

Vous savez combien notre cher roi aime

à s'entretenir avec vous, à vous voir et moi aussi; ainsi quand cela vous conviendra de venir chez moi, vous êtes certain de nous faire plaisir et le plus souvent sera le mieux pour tout. Vous ne me dites rien de votre santé, je voudrais cependant en savoir quelque chose et vous ne doutez pas, j'espère, qu'elle est de premier intérêt pour moi.

Au revoir, mon cher prince, et, en attendant, c'est de tout mon cœur que je vous renouvelle l'expression de tous mes tendres et constants sentiments pour vous.

A. D'O.

P.-S. — Le roi a vu la liste, il a besoin de vous voir, de causer avec vous, car il est également effrayé de ne point avoir d'ambassadeur ou de ne pas réussir dans son choix.

LXXVI

Madame Adélaïde au prince de Talleyrand.

Tuileries, 24 décembre 1834.

Mon cher prince,

Je regrette de ne pas vous voir aujourd'hui, mais la première chose pour moi est votre santé; j'espère que la promenade vous aura fait du bien et que demain, comme vous me le mandez, vous serez en état de me dédommager de la privation d'aujourd'hui; vous savez le plaisir que me font vos visites et combien le roi aime à causer avec vous.

Le duc de Wellington a fait demander au roi si la nomination de lord Cowley lui serait agréable ; vous croyez bien que la réponse est telle que le duc pouvait la désirer et que lord Cowley serait reçu avec plaisir ; en retour, la même proposition va être faite pour le général Sébastiani. Le roi me charge de vous dire qu'il a vu *votre lettre*, qu'il en est vivement touché et aussi flatté que reconnaissant de tout ce qu'il y a trouvé pour lui ; il est bien impatient de vous le témoigner et de causer de tout avec vous, et moi aussi, mon cher prince ; en attendant le plaisir de vous revoir, c'est du meilleur de mon cœur que je vous renouvelle l'expression de tous mes tendres sentiments.

A. D'O.

LXXVII

Madame Adélaïde au prince de Talleyrand.

Tuileries, dimanche 25 décembre 1834.

Mon cher prince,

Je vous renvoie votre gazette anglaise que vous aviez laissée hier soir ; en récapitulant dans ma tête tous les noms dont nous parlions, celui de notre ami de Naples m'est revenu ; qu'en pensez-vous ? je serais bien aise de le savoir.

Bonjour, mon cher prince ; au revoir, à bientôt j'espère. En attendant, c'est toujours de tout mon cœur que je vous renouvelle l'expression de tous mes sentiments.

A. D'O.

P.-S. — J'espère que vous avez bien voulu être mon bon interprète auprès de madame de Dino et que vous lui avez fait ma commission.

LXXVIII

Madame Adélaïde au prince de Talleyrand.

Tuileries, 31 décembre 1834.

De par le roi et la reine, défense vous est faite, mon cher prince, de venir aux Tuileries pour le jour de l'an ; ce que nous voulons avant tout, c'est que vous ménagiez et soigniez vos jambes et votre santé. Je voudrais bien vous voir demain, mais malgré moi je dois y renoncer, car quand vous venez, nous voulons en profiter et causer, et demain, depuis le matin jusqu'au soir, nous sommes dans les réceptions et compliments ;

je vous demande donc de remettre votre bonne intention à après-demain vendredi; vous me trouverez chez moi à l'heure ordinaire; vous nous ferez un extrême plaisir d'y venir, car la causerie avec vous nous fait toujours du bien. C'est du fond de mon cœur que je vous souhaite une bonne année, une bonne santé (ce vœu est intéressé de ma part), et que je vous remercie de ce que vous me dites de si bon, de si tendre dans votre billet, qui me touche vivement, mais que je mérite, mon cher prince, par les sentiments que j'ai pour vous. Je suis bien aise que le rhume soit fini.

A vendredi.

A. D'O.

LXXIX

Madame Adélaïde au prince de Talleyrand.

Tuileries, dimanche matin.

Mon cher prince,

Je désire savoir de vos nouvelles et si vous avez enfin eu la visite de Marjolin? Comment vont vos pauvres jambes, et ce qu'il en dit? C'est au nom du roi et de la reine que je vous le demande; nous y sommes tous intéressés et moi bien particulièrement par tous les motifs et, en première ligne, par les sentiments que j'ai depuis si longtemps pour vous et ceux si constants et si bons que vous avez pour moi et pour ce qui m'est le plus cher au monde.

A mardi, mon cher prince.

La séance d'hier a été bonne, d'autant plus que le vote a été fait en considération du roi et du pays; c'est comme cela qu'il me fait plaisir, que je le trouve bon et qu'il l'est.

A. D'O.

FIN

TABLE

—

PRÉFACE 1

1833

I. —	Madame Adélaïde à Talleyrand. .	12 nov..	37

1834

II. —	Madame Adélaïde à Talleyrand...	22 janv..	41
III. —	— —	8 févr..	45
IV. —	— —	27 —	50
V. —	— —	28 —	56
VI. —	— —	1er mars.	59
VII. —	— —	16 —	61
VIII. —	— —	18 —	63
IX. —	— —	2 avril.	66
X. —	— —	4 —	70

XI. —	Madame Adélaïde à Talleyrand...	5 avril.	73
XII. —	— —	11 —	76
XIII. —	— —	13 —	78
XIV. —	— —	14 —	[illegible]
XV. —	— —	23 —	83
XVI. —	— —	26 —	86
XVII. —	— —	2 mai..	89
XVIII. —	— —	6 —	91
XIX. —	— —	20 —	95
XX. —	— —	23 —	100
XXI. —	Copie de la lettre de S. M. Louis-Philippe à S. M. le roi des Belges, envoyée par Madame Adélaïde à M. de Talleyrand . . .	22 —	104
XXII. —	Madame Adélaïde à Talleyrand. .	31 —	108
XXIII. —	— —	12 juin..	111
XXIV. —	— —	22 —	117
XXV. —	— —	30 —	123
XXVI. —	— —	7 juill..	127
XXVII. —	— —	15 —	130
XXVIII. —	— —	16 —	135
XXIX. —	— —	18 —	137
XXX. —	— —	25 —	139
XXXI. —	— —	25 —	144
XXXII. —	— —	29 —	148
XXXIII. —	Talleyrand à la comtesse de Jersey	30 —	151
XXXIV. —	Madame Adélaïde à Talleyrand. .	31 —	153
XXXV. —	— —	5 août.	155
XXXVI. —	— —	17 —	157
XXXVII. —	— —	2 sept..	161
XXXVIII. —	— —	7 —	162
XXXIX. —	Talleyrand au comte Mollien. . .	15 —	165

XL. — Madame Adélaïde à Talleyrand. . 17 sept.. 167
XLI. — Talleyrand à la duchesse de Bauffremont 18 — 169
XLII. — Madame Adélaïde à Talleyrand. . 10 oct... 171
XLIII. — — — 17 — 177
XLIV. — Talleyrand à la duchesse de Bauffremont 20 — 180
XLV. — — — 26 — 182
XLVI. — Madame Adélaïde à Talleyrand. . 28 — 184
XLVII. — Talleyrand à la duchesse de Bauffremont 30 — 187
XLVIII. — Madame Adélaïde à Talleyrand. . 2 nov.. 189
XLIX. — Talleyrand à la duchesse de Bauffremont 3 — 192
L. — — à la comtesse de Jersey 4 — 193
LI. — — à la duchesse de Bauffremont 8 — 195
LII. — Madame Adélaïde à Talleyrand. . 10 — 197
LIII. — Talleyrand au duc de Broglie . . 11 — 201
LIV. — — à Madame Adélaïde . . 12 — 204
LV. — — au ministre des affaires étrangères . . . . 13 — 211
LVI. — Madame Adélaïde à Talleyrand. . 14 — 215
LVII. — — — 15 — 219
LVIII. — Talleyrand à Madame Adélaïde. . 16 — 222
LIX. — Madame Adélaïde à Talleyrand. . 17 — 228
LX. — Talleyrand à Madame Adélaïde. . 17 — 230
LXI. — Madame Adélaïde à Talleyrand. . 18 — 234
LXII. — S. M. Louis-Philippe à Talleyrand 18 — 238
LXIII. — Madame Adélaïde à Talleyrand. . 20 — 241
LXIV. — Talleyrand au roi Louis-Philippe. 23 — 243
LXV. — — à Madame Adélaïde . . 23 — 248
LXVI. — — au duc de Wellington. 23 — 251
LXVII. — — à la comtesse de Jersey. 23 — 255
LXVIII. — — à lady Burghersh . . . 23 — 257
LXIX. — Madame Adélaïde à Talleyrand. . 24 — 259
LXX. — Talleyrand à la duchesse de Bauffremont 24 — 263

LXXI. —	S. M. Louis-Philippe à Talleyrand	25	nov. .	265
LXXII. —	Talleyrand à Madame Adélaïde. .	26	—	268
LXXIII. —	Madame Adélaïde à Talleyrand. .	30	—	273
LXXIV. —	— —	4	déc. .	275
LXXV. —	— —	17	—	277
LXXVI. —	— —	24	—	279
LXXVII. —	— —	25	—	280
LXXVIII. —	— —	31	—	283
LXXIX. —	— —	(Sans date).		285

IMPRIMERIE CHAIX, RUE BERGÈRE, 20, PARIS. — 5822-3-90.

Paris. — Imprimerie J. CATHY, 3, rue Auber.

www.ingramcontent.com/pod-product-compliance
Ingram Content Group UK Ltd.
Pitfield, Milton Keynes, MK11 3LW, UK
UKHW020202250726
13967UKWH00003B/1223

9 782012 895171